Student Activities M[...]

Nakama 1

Introductory Japanese:
Communication, Culture, Context

THIRD EDITION ENHANCED

Yukiko Abe Hatasa
Hiroshima University

Kazumi Hatasa
Purdue University
The Japanese School, Middlebury College

Contributor

Satoru Ishikawa
Boston University

CENGAGE

Australia • Brazil • Canada • Mexico • Singapore • United Kingdom • United States

For product information and technology assistance, contact us at **Cengage Customer & Sales Support, 1-800-354-9706**

For permission to use material from this text or product, submit all requests online at **cengage.com/permissions** Further permissions questions can be emailed to **permissionrequest@cengage.com**

ISBN: 978-0-357-45330-8

Cengage
200 Pier 4 Boulevard
Boston, MA 02210
USA

Cengage is a leading provider of customized learning solutions with of locations around the globe, including Singapore, the United Kingdom, Australia, Mexico, Brazil, and Japan. Locate your local office at: **www.cengage.com/global**

To learn more about Cengage Solutions, visit **www.cengage.com**

Instructors: Please visit **login.cengage.com** and log in to access instructor-specific resources.

Printed at CLDPC, USA, 09-22

ONTENTS

O THE STUDENT

e Student Activities Manual (SAM) accompanying *Nakama 1: Introductory Japanese: mmunication, Culture, Context* is designed to increase your accuracy in grammar usage and ur knowledge of **kanji**, and to help you develop basic listening comprehension and production lls in Japanese. The exercises and activities in the SAM are divided into two sections for each apter. The workbook activities consist of vocabulary, grammar, and written exercises, and the activities provide pronunciation, listening, and oral production exercises. The pages have been rforated so they can be handed in. The three-hole punch design will allow you to hold onto em for reference and test preparation.

For regular chapters, the workbook section consists of the supplementary vocabulary activities lowed by supplementary grammar practice to complement those in the text. The grammar tivities also include a number of exercises with personalized questions that enable you to actice more creatively the central grammar principles covered in each chapter. The grammar ercises in the workbook, like those in the textbook, are situation-based and reinforce the basic cabulary in the textbook. Following an integration section, the writing section (**kaku renshuu**) ovides penmanship practice for new **kanji** and exercises that reinforce your usage of **kanji** when iting in Japanese.

The lab activities consist of vocabulary pronunciation and practice, speaking and listening mprehension activities, and a Dict-a-Conversation. In the first section, you will hear vocabulary onounced from your textbook chapter. While listening to the audio materials, you should look that particular chapter in your textbook, and repeat the items to familiarize yourself with the ual symbols and their sounds. Some chapters include an extra section for additional vocabulary actice. The second section provides supplementary listening and oral production exercises to mplement those in the text. The exercises include formation exercises, true/false and multiple- oice exercises, task-based listening activities, and personalized questions. The last section is dictation practice activity that will allow you to further hone both your listening and writing ills.

Chapter 1
だいいっか
The Japanese Sound System and Hiragana

Workbook Activities

Hiragana あ〜そ

Write each **hiragana**, following the correct stroke order. The arrows indicate the direction of each stroke. Pay attention to the balance of each character and how each stroke ends: *Stop* (S), *Release* (R), or *Hook* (H). H/S indicates individual variations.

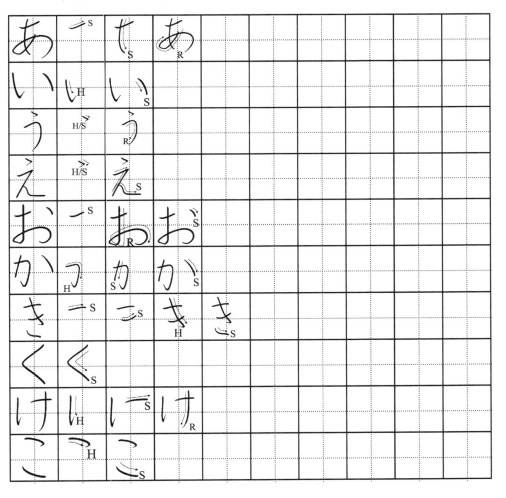

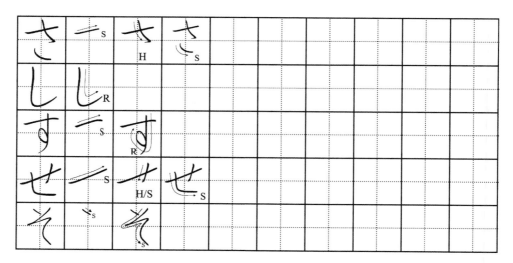

B. Practice writing each **hiragana**, following the correct stroke order. Work from top to bottom to avoid writing the same character repeatedly.

さ										
し										
す										
せ										
そ										

Write the following words in **hiragana.**

kasa (*umbrella*) _____

kiku (*chrysanthemum*) _____

isu (*chair*) _____

oka (*hill*) _____

kisoku (*rule*) _____

6. ashi (*leg*) _____

7. uso (*lie,* n.) _____

8. koe (*voice*) _____

9. ike (*pond*) _____

10. sekai (*world*) _____

II. Hiragana た〜ほ

A. Write each **hiragana**, following the correct stroke order. The arrows indicate the direction of each stroke. Pay attention to the balance of each character and how each stroke ends, *Stop* (S), *Release* (R), or *Hook* (H). R/S indicates individual variations.

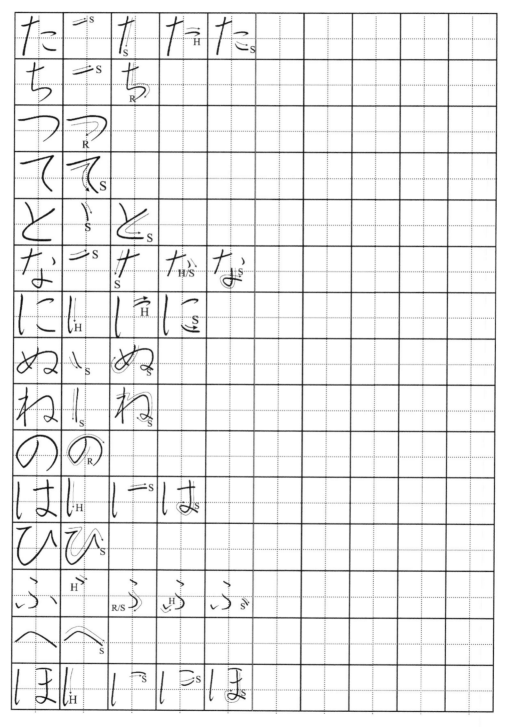

Practice writing each **hiragana**, following the correct stroke order. Work from top to bottom to avoid writing the same character repeatedly.

た
ち
つ
て
と
な
に
ぬ
ね
の
は
ひ
ふ
へ
ほ

C. Write the following words in **hiragana**.

1. tsuchi (*soil*) _____

2. nani (*what*) _____

3. hato (*pigeon*) _____

4. nuno (*cloth*) _____

5. heta (*not good at*) _____

6. hata (*flag*) _____

7. hifu (*skin*) _____

8. fune (*ship*) _____

9. kikite (*listener*) _____

10. hosoi (*thin*) _____

. Hiragana ま〜ん

Write each **hiragana**, following the correct stroke order. The arrows indicate the direction of each stroke. Pay attention to the balance of each character and how each stroke ends, *Stop* (S), *Release* (R), or *Hook* (H). H/S indicates individual variations.

B. Practice writing each **hiragana**, following the correct stroke order. Work from top to bottom to avoid writing the same character repeatedly.

ま
み
む
め
も
や
ゆ
よ
ら
り
る
れ
ろ
わ
を
ん

Write the following words in **hiragana**.

mochi (*rice cake*) _____

matsuri (*festival*) _____

yoyaku (*reservation*) _____

raihin (*guest*) _____

misoshiru (*miso soup*) _____

6. yuri (*lily*) _____

7. mukashi (*past*) _____

8. riron (*theory*) _____

9. mensetsu (*interview*) _____

10. wareru (*to break*) _____

Hiragana が〜ぽ : Voiced consonants

ite these words with voiced consonants in **hiragana**.

dekigoto (*event*) _____

tenpura (*tempura*) _____

giron (*discussion*) _____

kubetsu (*distinction*) _____

tonbo (*dragonfly*) _____

6. edamame (*soybeans*) _____

7. jidai (*period*) _____

8. goman (*fifty thousand*) _____

9. genjitsu (*reality*) _____

10. kabin (*vase*) _____

Hiragana ああ〜わあ : Long vowels

ite these words with long vowels in **hiragana**.

. sensee (*teacher*) _____

. yuumee (*famous*) _____

. reezooko (*refrigerator*) _____

. soomen (*noodles*) _____

. doroboo (*thief*) _____

. gakusee (*student*) _____

. imooto (*younger sister*) _____

. gyooretsu (*procession*) _____

. chuushajoo (*parking lot*) _____

. ookii tokee (*big clock*) _____

VI./VII. Double Consonants and Glides

A. Practice writing small **hiragana** both horizontally and vertically. Pay attention to the proportion of small **hiragana** with respect to the regular-size **hiragana**.

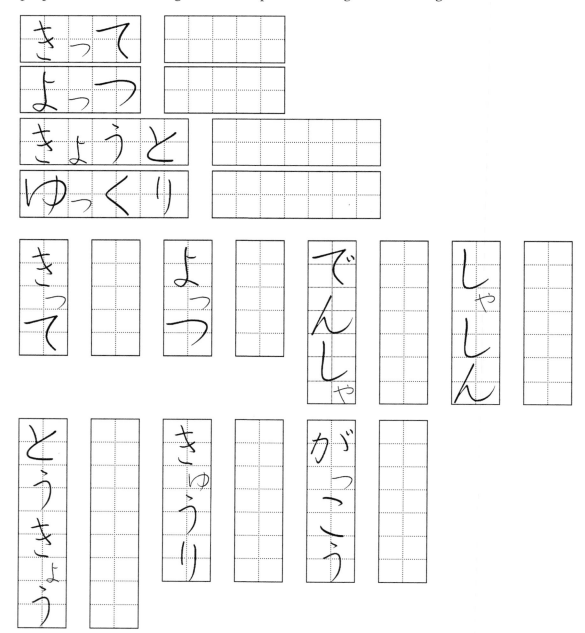

Write these words with double consonants in **hiragana**.

1. kitte (*stamp*) _____

2. yatto (*at last*) _____

3. rippa (*splendid*) _____

4. sekken (*soap*) _____

5. shakkuri (*hiccup*) _____

6. nikki (*diary*) _____

7. shippai (*failure*) _____

8. kissaten (*coffee shop*) _____

9. Roppongi (*Tokyo neighborhood*) _____

10. chokkaku (*right angle*) _____

Write these words with glides in **hiragana**.

1. kyoka (*permission*) _____

2. hyakuen (*one hundred yen*) _____

3. gyaku (*reverse*) _____

4. kanja (*patient*, n.) _____

5. ryokan (*inn*) _____

6. chawan (*rice bowl*) _____

7. jisho (*dictionary*) _____

8. sanmyaku (*mountain range*) _____

9. shokutaku (*dining table*) _____

10. shakai (*society*) _____

D. Write these words in **hiragana**.

1. isshoo kenmee (*hard*) _____

2. shuppatsu shinkoo (*start*) _____

3. shinzoo hossa (*heart attack*) _____

4. manjoo icchi (*unanimity*) _____

5. tokkyuu ressha (*limited express*) _____

·ボの　れんしゅう　Lab Activities

Introduction and Hiragana あ〜そ

Listen to and repeat each of the following words or phrases. After you hear each one a second time, write it down. Stop the audio as necessary.

	7. _____	13. _____
_____	8. _____	14. _____
_____	9. _____	15. _____
_____	10. _____	16. _____
_____	11. _____	17. _____
_____	12. _____	18. _____

Listen to and repeat each of the following words, paying attention to the whispered sounds.

きし　*shore*　　　　　　　5. すそ　*hem*

きく　*chrysanthemum*　　6. すき　*like*

くき　*stalk*　　　　　　　7. しき　*four seasons*

くさ　*grass*　　　　　　　8. しか　*deer*

You are attending an orientation session for international students at a university in Japan. Some of the students approach you and introduce themselves. Following the example, greet each person and give your name.

You hear:　はじめまして。かとう　です。どうぞ　よろしく。
hajimemashite　katoo　desu　doozo　yoroshiku

You say:　はじめまして。ぶらうん　です。どうぞ　よろしく。
hajimemashite　buraun　desu　doozo　yoroshiku

II. Hiragana た〜ほ

A. Listen to and repeat each of the following words or phrases. After you hear each one a second time, write it down. Stop the audio as necessary.

1. _____	7. _____	13. _____
2. _____	8. _____	14. _____
3. _____	9. _____	15. _____
4. _____	10. _____	16. _____
5. _____	11. _____	17. _____
6. _____	12. _____	18. _____

B. Listen to and repeat each of the following words, paying attention to the whispered sounds.

1. つち *soil*   5. ちか *underground*

2. つき *moon*   6. ちち *my father*

3. かつ *to win*   7. さちこ *Sachiko (female name)*

4. まつ *to wait for*

C. You run into some of your classmates and instructors on campus at various times of the day. They greet you. Give each person the appropriate response. You will then hear the correct response.

■ You hear: 9:00 a.m., おはよう ございます。

You say: おはよう ございます。

You hear: おはよう ございます。

D. You run into some of your classmates and instructors during the day. After hearing the cue telling you the time of day, greet each person. You will then hear the correct greeting.

■ You hear: 3:00 p.m.

You say: こんにちは。

You hear: こんにちは。

. Hiragana ま～ん

Listen to and repeat each of the following words or phrases. After you hear each one a second time, write it down. Stop the audio as necessary.

_____	7. _____	13. _____
_____	8. _____	14. _____
_____	9. _____	15. _____
_____	10. _____	16. _____
_____	11. _____	17. _____
_____	12. _____	18. _____

Listen to and repeat each of the following words, paying attention to the [n] sounds. You will then hear the word again.

あに *elder brother*   4. こんな *this kind (of)*

あんい *easygoing*   5. たね *seed*

こな *powder*   6. たんねん *detailed*

Your last class is over and you are going home. You see some of your classmates and instructors in the hallway and expect to see them again soon. Listen to each cue identifying a classmate or an instructor and greet that person appropriately. You will then hear the correct greeting.

You hear: やまださん

You say: じゃあ、また。

You hear: じゃあ、また。

IV. Hiragana が〜ぽ : Voiced consonants

A. Listen to and repeat each of the following words or phrases. After you hear each one a secon[d] time, write it down. Stop the audio as necessary.

1. _____   7. _____   13. _____
2. _____   8. _____   14. _____
3. _____   9. _____   15. _____
4. _____ 10. _____   16. _____
5. _____ 11. _____   17. _____
6. _____ 12. _____   18. _____

B. Listen to each of the following pairs of words and identify which word in the pair has a voic[ed] sound. Circle first or second. Listen to the model:

■ You hear: から、がら
You see: first   second
You circle: *second*, because the second word you heard had a voiced sound.

1. first   second
2. first   second
3. first   second
4. first   second
5. first   second
6. first   second

C. Listen to and repeat each of the following phrases, paying attention to the length of each sound. You will then hear the phrase again.

1. ありがとう　ございます   2. すみません   3. あのう、すみません

D. What would you say in each of the following situations? Listen to each cue identifying a situation and respond appropriately. You will then hear the correct response.

■ You hear: You lost a book that you borrowed from a friend.

You say: すみません。

You hear: すみません。

Hiragana ああ～わあ : Long vowels

Listen to and repeat each of the following words or phrases. After you hear each one a second time, write it down. Stop the audio as necessary.

_____ 7. _____ 13. _____

_____ 8. _____ 14. _____

_____ 9. _____ 15. _____

_____ 10. _____ 16. _____

_____ 11. _____ 17. _____

_____ 12. _____

Listen to and repeat each of the following words or phrases. After you hear each one a second time, write it down. Stop the audio as necessary.

_____

_____

_____

_____

_____

🔊 C. Listen to the following pairs of words and repeat them, paying attention to the contrast in pronunciation for each pair.

1. え   picture   ええ   yes
2. い   stomach   いい   good
3. いえ   house   いいえ   no
4. すし   sushi   すうし   numeral
5. さと   countryside   さとう   sugar
6. きれ   cloth   きれい   pretty, clean
7. くつ   shoes   くつう   pain
8. かぜ   wind   かぜい   taxation
9. おばさん   aunt   おばあさん   grandmother
10. おじさん   uncle   おじいさん   grandfather
11. ここ   here   こうこう   high school
12. しゅじん   my husband   しゅうじん   prisoner

🔊 D. Listen to Professor Yamamoto's requests. Write the letter of the illustration that matches eac request.

■ You hear: きいて　ください。

You write: <u>A</u> because the request means *please listen.*

1. _____ 5. _____

2. _____ 6. _____

3. _____ 7. _____

4. _____ 8. _____

. Hiragana Small つ : Double consonants

Listen to the following pairs of words or phrases and identify which word or phrase in each pair contains a double consonant. Circle first or second.

You hear: いって、いて

You see: first   second

You circle: *first*, because the first word you heard had a double consonant.

first   second

first   second

first   second

first   second

first   second

first   second

first   second

Listen to the following pairs of words and identify each word that contains a double consonant. Circle first, second, both, or neither.

You hear: さか、さか

You see: first   second   both   neither

You circle: *neither*, because neither word you heard had a double consonant.

first   second   both   neither

first   second   both   neither

first   second   both   neither

first   second   both   neither

first   second   both   neither

first   second   both   neither

🔊 C. Listen to the following words or phrases first in English, then in Japanese. Repeat each of the Japanese words or phrases. After you hear it a second time, write it down. Stop the audio as necessary.

■ You hear:　　school, がっこう

You repeat:　がっこう

You hear:　　がっこう

You write:　　<u>がっこう</u>

1. _____

2. _____

3. _____

4. _____

5. _____

6. _____

7. _____

8. _____

🔊 D. A Japanese friend is speaking to you but you don't understand everything he says. Ask him to speak louder or slower or to repeat what he said, depending on what you hear. You will then hear the correct request. Repeat each request.

■ You hear:　　こんにちは。

You say:　　もうすこし　ゆっくり　おねがいします。

You hear:　　もうすこし　ゆっくり　おねがいします。

You repeat:　もうすこし　ゆっくり　おねがいします。

I. Hiragana きゃ〜ぴょ : Glides

Listen to the following pairs of words and identify which word in each pair has a glide. Circle first or second.

You hear: りょう、りよう

You see: first   second

You circle: *first*, because the first word you heard had a glide.

first   second

first   second

first   second

first   second

first   second

first   second

Listen to the following pairs of words and identify which words have glides. Circle first, second, both, or neither.

You hear: さか、しゃか

You see: first   second   both   neither

You circle: *second*, because the second word you heard had a glide.

first   second   both   neither

first   second   both   neither

first   second   both   neither

first   second   both   neither

first   second   both   neither

first   second   both   neither

🔊 C. Listen to the following words first in English, then in Japanese. Repeat each of the Japanese words, then write it down after you hear it a second time. Stop the audio as necessary.

■ You hear: homework, しゅくだい

You repeat: しゅくだい

You hear: しゅくだい

You write: しゅくだい

1._____

2._____

3._____

4._____

5._____

6._____

7._____

8._____

me _____ Class _____ Date _____

D. Look at the following drawing. Listen to each cue in English and ask your friend, Ms. Kimura, what the item is called in Japanese. You will then hear the correct question. Repeat the question. You will then hear the answer to the question. Stop the audio and write the Japanese word.

you   きむら

■ You hear: eraser

　You say:　　これは　にほんごで　なんと　いいますか。

　You hear:　　これは　にほんごで　なんと　いいますか。

　You repeat:　これは　にほんごで　なんと　いいますか。

　You hear:　　「けしゴム」と　いいます。or　「けしゴム」って　いいます。

　You write:　　けしゴム

1. _____

2. _____

3. _____

4. _____

5. _____

🔊 E. Listen to the following English words and ask how to say them in Japanese. You will then he͏
the correct question. Repeat the question. You will then hear the answer to the question. Sto͏
the audio and write the Japanese word.

■ You hear: love

   You say: love は　にほんごで　なんと　いいますか。

   You hear: love は　にほんごで　なんと　いいますか。

   You repeat: love は　にほんごで　なんと　いいますか。

   You hear: 「あい」と　いいます。or 「あい」って　いいます。

   You write: あい

1.＿＿＿＿＿＿＿＿＿＿＿＿＿＿＿＿＿＿＿＿＿＿＿

2.＿＿＿＿＿＿＿＿＿＿＿＿＿＿＿＿＿＿＿＿＿＿＿

3.＿＿＿＿＿＿＿＿＿＿＿＿＿＿＿＿＿＿＿＿＿＿＿

4.＿＿＿＿＿＿＿＿＿＿＿＿＿＿＿＿＿＿＿＿＿＿＿

🔊 F. Professor Yamada says a word you don't understand. Ask for the meaning of the word. You
will then hear the correct question. Write the question. You will then hear the answer to the
question.

■ You hear: さかな

   You say: 「さかな」って　なんですか。

   You hear: 「さかな」って　なんですか。

   You write: 「さかな」って　なんですか。

   You hear: fish です。

1.＿＿＿＿＿＿＿＿＿＿＿＿＿＿＿＿＿＿＿＿＿＿＿

2.＿＿＿＿＿＿＿＿＿＿＿＿＿＿＿＿＿＿＿＿＿＿＿

3.＿＿＿＿＿＿＿＿＿＿＿＿＿＿＿＿＿＿＿＿＿＿＿

4.＿＿＿＿＿＿＿＿＿＿＿＿＿＿＿＿＿＿＿＿＿＿＿

5.＿＿＿＿＿＿＿＿＿＿＿＿＿＿＿＿＿＿＿＿＿＿＿

6.＿＿＿＿＿＿＿＿＿＿＿＿＿＿＿＿＿＿＿＿＿＿＿

Chapter 2
だいにか

Greetings and Introductions
あいさつと　じこしょうかい

Workbook Activities

んごの　れんしゅう　Vocabulary Practice

ok at the clocks below and write the time next to each one.

Example

 <u>いちじです。</u>

 1. _____

 2. _____

 3. _____

 4. _____

 5. _____

Identifying someone or something, using 〜は　〜です

Imagine that you have a pen pal in Japan and that the following people live in your dormitory. Write a short description of each student to your pen pal. You may use **hiragana** for the words written in **katakana**.

まえ ame	〜じん Nationality	〜ねんせい Year in school	せんこう Major
ラウン らうん	アメリカじん あめりか	いちねんせい	こうがく
ム む	かんこくじん	だいがくいんせい	ビジネス びじねす
ョー ょ	ちゅうごくじん	にねんせい	えいご
ネ ね	カナダじん かなだ	よねんせい	アジアけんきゅう あじあ
ミス みす	オーストラリアじん お　すとらりあ	さんねんせい	ぶんがく

Example　ブラウンさんは　アメリカじんです。いちねんせいです。
　　　　　ぶ　らう　ん　　　　あ　め　り　か
　　　　　せんこうは　こうがくです。

キムさんは _____。 _____。
き　む

んこうは _____。

チョーさんは _____。 _____。
ち　ょ

んこうは _____。

モネさんは _____。 _____。
も　ね

_____。

スミスさんは _____。 _____。
す　み　す

_____。

Asking はい／いいえ questions, using 〜は　〜ですか

Look again at the chart in Activity I. Write questions using the cues provided and the pattern 〜は〜ですか. Frame each question so that B can answer "yes." You may use **hiragana** for the words written in **katakana**.

Example

（アメリカじん）　　　　A: <u>ブラウンさんは　アメリカじんですか。</u>
あめりか　　　　　　　　　　　　ぶらうん　　　　　あめりか

　　　　　　　　　　　　B: ええ、そうです。

（ちゅうごくじん）　　　A: _____。

　　　　　　　　　　　　B: ええ、そうです。

（だいがくいんせい）　　A: _____。

　　　　　　　　　　　　B: ええ、そうです。

（オーストラリアじん）　A: _____。
お　　すとらりあ

　　　　　　　　　　　　B: ええ、そうです。

（いちねんせい）　　　　A: _____。

　　　　　　　　　　　　B: ええ、そうです。

（よねんせい）　　　　　A: _____。

　　　　　　　　　　　　B: ええ、そうです。

（カナダじん）　　　　　A: _____。
か　な　だ

　　　　　　　　　　　　B: ええ、そうです。

B. Write your answer to each of the following questions about yourself using ええ、そうです or いいえ、そうじゃありません／いいえ、そうじゃないです。

■ Example　だいがくせいですか。　<u>ええ、そうです。</u>

1. メキシコじんですか。＿＿＿＿＿＿＿＿＿＿＿＿＿＿＿＿＿＿＿＿＿
　　めきしこ

2. せんこうは　フランスごですか。＿＿＿＿＿＿＿＿＿＿＿＿＿＿＿＿＿
　　　　　　　　ふらんす

3. いちねんせいですか。＿＿＿＿＿＿＿＿＿＿＿＿＿＿＿＿＿＿＿＿＿＿

4. アメリカじんですか。＿＿＿＿＿＿＿＿＿＿＿＿＿＿＿＿＿＿＿＿＿＿
　　あめりか

5. だいがくいんせいですか。＿＿＿＿＿＿＿＿＿＿＿＿＿＿＿＿＿＿＿＿

6. せんこうは　アジアけんきゅうですか。＿＿＿＿＿＿＿＿＿＿＿＿＿＿＿
　　　　　　　あじあ

. Indicating relationships between nouns with の

agine that you are writing to your Japanese pen pal about your friends from Japan. Look at the
rt below and write something about each student, following the example.

まえ ame	だいがく University	〜ねんせい Year in school	せんこう Major
まだ	おおさかだいがく	さんねんせい	えいご
おき	とうきょうだいがく	だいがくいんせい	こうがく
とう	じょうとうだいがく	よねんせい	かんこくご
なか	きょうとだいがく	にねんせい	ぶんがく
とう	にほんだいがく	いちねんせい	れきし
やし	なごやだいがく	だいがくいんせい	スペインご す ぺ いん
ずき	わせだだいがく	さんねんせい	ちゅうごくご

Example

やまださんは　おおさかだいがくの　さんねんせいです。

やまださんの　せんこうは　えいごです。

1. おおきさんは _____。

_____。

2. さとうさんは _____。

_____。

3. たなかさんは _____。

_____。

4. いとうさんは _____。

_____。

5. はやしさんは _____。

_____。

6. すずきさんは _____。

_____。

Asking for personal information, using question words

Complete the following dialogue, using the appropriate question words.

Example　A: <u>やまださんは　どこから　きましたか</u>。

　　　　　B: とうきょうから　きました。

A: あのう、すみません。(1) _____。

B: やまだです。

A: はじめまして、わたしは　たなかです。どうぞ　よろしく。

B: こちらこそ、どうぞ　よろしく。たなかさんは　がくせいですか。

A: ええ、そうです。やまださんは。

B: わたしも　がくせいです。じょうとうだいがくの　さんねんせいです。

　　(2) _____。

A: わたしの　だいがくは　きょうとだいがくです。　せんこうは　こうがくです。

　　(3) _____。

B: アジアけんきゅうです。　(4) _____。
　　あ じ あ

A: よねんせいです。

B: そうですか。これからも　どうぞ　よろしく。

A: こちらこそ。

B. Look at the map to answer questions about the time in different cities.

■ Example

A: とうきょうは　いま　なんじですか。

B: <u>ごぜん　じゅういちじです。</u>

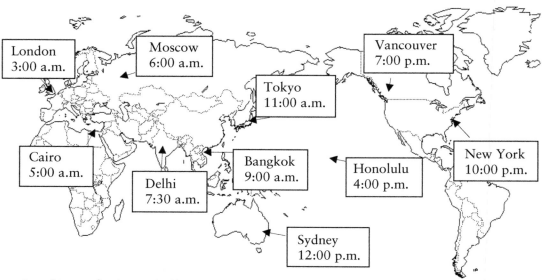

1. バンコク (*Bangkok*)
   ばんこく

   A: バンコクは　いま　なんじですか。
   　　ばんこく

   B: _____。

2. シドニー (*Sydney*)
   しどに

   A: シドニーは　いま　なんじですか。
   　　しどに

   B: _____。

3. モスクワ (*Moscow*)
   もすくわ

   A: モスクワは　いま　なんじですか。
   　　もすくわ

   B: _____。

4. ロンドン (*London*)
   ろんどん

   　　　　　　　　　　　　　　　　　　A: ロンドンは　いま　なんじですか
   　　　　　　　　　　　　　　　　　　　　ろんどん

   B: _____。

5. デリー (*Delhi*)
   でり

   A: デリーは　いま　なんじですか。
   　　でり

   B: _____。

Using も to list and describe similarities

e following is a list of new students at the International Student Center. Look at the chart and
e も to complete the sentences. You may use **hiragana** for the words written in **katakana**.

まえ ame	くに Country	〜ねんせい Year in school	せんこう Major
ム む	かんこく	いちねんせい	フランスご ふ ら ん す
一	かんこく	だいがくいんせい	ぶんがく
一	ちゅうごく	よねんせい	こうがく
ョー ょ	ちゅうごく	にねんせい	かんこくご
ラウン ら う ん	オーストラリア お す と ら り あ	さんねんせい	れきし
ミス み す	オーストラリア お す と ら り あ	にねんせい	かんこくご
ペス ぺ す	メキシコ め き し こ	よねんせい	フランスご ふ ら ん す
ルシア る し あ	メキシコ め き し こ	だいがくいんせい	こうがく
ット っ と	イギリス い ぎ り す	いちねんせい	れきし
リス り す	イギリス い ぎ り す	さんねんせい	ぶんがく

Example　キムさんは　<u>かんこくから</u>　きました。
　　　　　イーさん<u>も　かんこくから　きました。</u>
　　　　　い

1. リーさんは _____ からきました。
　　り
　　チョーさん _____。
　　ちょ

2. チョーさんは _____ ねんせいです。
　　ちょ
　　スミスさん _____。
　　す み す

3. ガルシアさんは _____ せいです。
　　が る し あ

　　_____。

4. モリスさんは _____ せいです。
　　　　もりす

　　　_____。

5. ブラウンさんの　せんこうは _____。
　　　ぶらうん

　　　ワットさん _____。
　　　わっと

6. リーさんの　せんこうは _____。
　　　り

　　　_____。

·うごうれんしゅう Integration

. Tanaka and Mr. Kimura have just met each other at a party at the Westside University
ernational Student Center. Complete their conversation, using the information from the
owing chart.

まえ me	だいがく University	～ねんせい Year in school	せんこう Major	～からきました Hometown
なか	じょうとうだいがく	さんねんせい	えいご	とうきょう
むら	にほんだいがく	いちねんせい	えいご	こうべ

たなか： あのう、すみません。にほんじんですか。

きむら： ええ、そうですけど。

たなか： はじめまして。ぼく、たなかです。どうぞ　よろしく。

きむら： _____。きむらです。_____。

たなか： きむらさんは　がくせいですか。

きむら： _____、_____。にほんだいがくの　いちねんせいです。

たなか： そうですか。ぼくは　_____ さんねんせいです。
せんこうは　えいごです。

きむら： そうですか。_____ えいごです。

_____。

たなか： とうきょうから　きました。きむらさんは　どこから　きましたか。

きむら： _____。

たなか： そうですか。あ、あのう、すみませんが、

_____。

きむら： いちじはんですよ。

たなか： そうですか。_____。

きむら： いいえ。

ラボの　れんしゅう Lab Activities

art 1: Vocabulary

ase turn to the vocabulary list on pp. 32–35 of your textbook and repeat each word or phrase
u hear.

art 2: Speaking and Listening Comprehension Activities

Identifying someone or something, using ～は　～です

Look at the chart containing information about four people. Then listen to the following
statements about them. Stop the audio as necessary. If a statement is true, circle はい. If it is
false, circle いいえ.

You hear: さとうさんは　だいがくせいです。

You see and choose: (はい)　　　いいえ

ame	さとう	モネ もね	キム きむ	ブラウン ぶらうん
atus	だいがくせい	だいがくせい	せんせい	がくせい
ationality	アメリカじん あめりか	カナダじん かなだ	かんこくじん	オーストラリアじん お　すとらりあ
ear in school	さんねんせい	いちねんせい	N/A	だいがくいんせい

1. はい　　　いいえ

2. はい　　　いいえ

3. はい　　　いいえ

4. はい　　　いいえ

5. はい　　　いいえ

6. はい　　　いいえ

7. はい　　　いいえ

8. はい　　　いいえ

🔊 B. Look at the chart in Activity A again. You will hear a cue consisting of a name and nationality, or a name and academic status or year in school. If the cue matches the information in the chart, respond orally, using 〜は　〜です. If the cue doesn't match the information in the chart, respond using 〜は　〜じゃ　ありません or 〜じゃないです. You will then hear the correct response. Write the correct response when you hear it.

■ You hear:　　さとう / せんせい

You say:　　　さとうさんは　せんせいじゃありません。

or　　　　　　さとうさんは　せんせいじゃないです。

You hear:　　さとうさんは　せんせいじゃありません。

or　　　　　　さとうさんは　せんせいじゃないです。

You write:　　<u>さとうさんは　せんせいじゃありません。</u>

or　　　　　　<u>さとうさんは　せんせいじゃないです。</u>

1. _____

2. _____

3. _____

4. _____

5. _____

Asking はい／いいえ questions, using ～は　～ですか

ng the chart below, answer each question orally. You will then hear the correct answer. Stop
audio and write the answer.

You hear:	チョーさんは　せんせいですか。
You say:	いいえ、そうじゃありません。
or	いいえ、そうじゃないです。
You hear:	いいえ、そうじゃありません。
or	いいえ、そうじゃないです。
You write:	<u>いいえ、そうじゃありません。</u>
or	<u>いいえ、そうじゃないです。</u>

Name	チョー ちょ	ロペス ろぺす	スミス すみす	ブラウン ぶらうん
Status	だいがくせい	だいがくせい	せんせい	がくせい
Nationality	ちゅうごくじん	メキシコじん めきしこ	オーストラリアじん お　すとらりあ	アメリカじん あめりか
Year in school	いちねんせい	よねんせい	N/A	だいがくいんせい

_____

_____

_____

_____

. Indicating relationships between nouns with の

agine that there are five scholars from Japan at your school this year. They are from different
iversities and teach different subjects. Listen to the information about each scholar and write
e appropriate choice from the list in order to complete the table. Stop the audio as necessary.

You hear: たなかせんせいの　だいがくは　とうきょうだいがくです。

	University	Subject
なか	（とうきょう）だいがく	（　　　　　　　　）
まだ	（　　　　　　）だいがく	（　　　　　　　　）
むら	（　　　　　　）だいがく	（　　　　　　　　）
とう	（　　　　　　）だいがく	（　　　　　　　　）
おき	（　　　　　　）だいがく	（　　　　　　　　）

Universities: とうきょう　わせだ　きょうと　にほん　おおさか

Subjects: こうがく　れきし　ぶんがく　かんこくご　えいご

Asking for personal information, using question words

Listen to the following personal questions and write your answers in Japanese. Stop the audio as necessary.

You hear:　せんこうは　なんですか。
You write:　にほんごです。

_____

_____

_____

_____

_____

You are at the airport and ask someone about the times in various cities. Listen to the dialogues and write the times as shown in the example.

You hear:　A: すみません、ホンコンは　いま　なんじですか。
　　　　　　　　　 ほんこん
　　　　　　B: ごご　にじですよ。

You write:　ホンコン (*Hong Kong*)　2:00 p.m.
　　　　　　ほんこん

1. ロンドン (*London*) _____
　　　ろんどん

2. ニューヨーク (*New York*) _____
　　　にゅ　よ　く

3. バンコク (*Bangkok*) _____
　　　ばんこく

4. とうきょう _____

Using も to list and describe similarities

;ten to some statements about the people in the following chart. After hearing each one, find
other person in the chart who shares the same characteristic and make a sentence using the
rticle も. You will then hear the correct answer. Stop the audio and write it down.

まえ ame	スミスさん すみす	ブラウンさん ぶらうん	リーさん り	モネさん もね
じん ationality	アメリカじん あめりか	アメリカじん あめりか	カナダじん かなだ	カナダじん かなだ
ねんせい ar in school	だいがくせい	だいがくいんせい	だいがくせい	だいがくいんせい
んこう ajor	アジアけんきゅう あじあ	こうがく	こうがく	アジアけんきゅう あじあ
いがく niversity	UCLA	おおさかだいがく	UCLA	おおさかだいがく
ゅっしん ometown	シカゴ (Chicago) しかご	シカゴ しかご	トロント (Toronto) とろんと	トロント とろんと

You hear: スミスさんは　だいがくせいです。
　　　　　　すみす

You say: リーさんも　だいがくせいです。
　　　　　り

You hear: リーさんも　だいがくせいです。
　　　　　り

You write: リーさんも　だいがくせいです。
　　　　　り

_____

_____

- _____

- _____

- _____

rt 3: Dict-a-Conversation

e Dict-a-Conversation combines listening and writing practice in a conversational format.
is activity is done with the audio, either as homework or lab work. You will hear one side of
onversation about a topic covered in the chapter. After writing down what you hear, you will
ate your side of the conversation. (See the steps below.) In the Dict-a-Conversation your last
ne is Smith (スミス), unless you are told otherwise. For this chapter, use only **hiragana** when
い write your part of the lines.

p 1   Listen carefully to what your conversation partner says. You may listen to the recorded audio as many times as you wish.

p 2   Write the lines of your partner (きむら, やまだ, etc.) as you hear them.

p 3   Next, write your own responses, questions, or statements on the appropriate lines.

p 4   When you have finished, read through the completed script to check your work.

You are meeting the father of your host family, Mr. Kimura, at Narita Airport for the first time.

むら : _____

ミス : _____
み す

むら : _____

_____

At a party you meet a young Japanese woman whose name is Yamada. Converse with her.

まだ : _____

ミス : _____
み す

まだ : _____

ミス : _____
み す

まだ : _____

ミス : _____
み す

Chapter 2.5

カタカナ
Katakana

Workbook Activities

Katakana ア〜ソ

Write each **katakana**, following the correct stroke order. The arrows indicate the direction of each stroke. Pay attention to the balance of each character and how each stroke ends, *Stop* (S), *Release* (R), or *Hook* (H). H/S or R/S indicates individual variations.

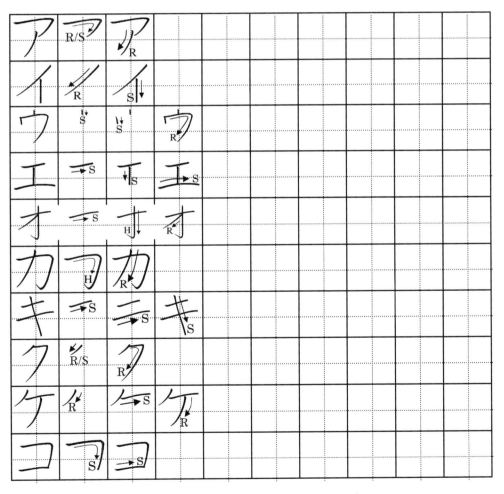

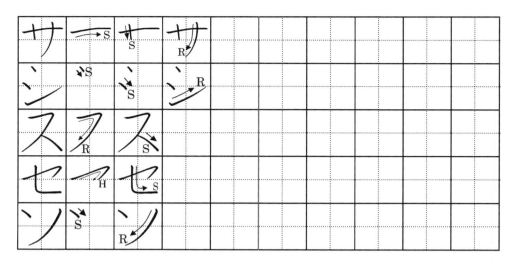

B. Practice writing each **katakana**, following the correct stroke order. Write different characters in order, rather than writing the same character repeatedly.

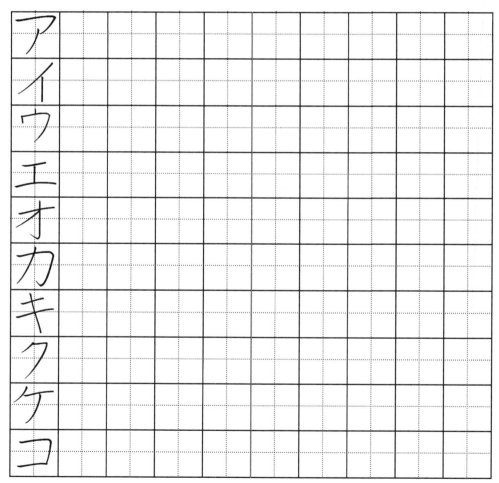

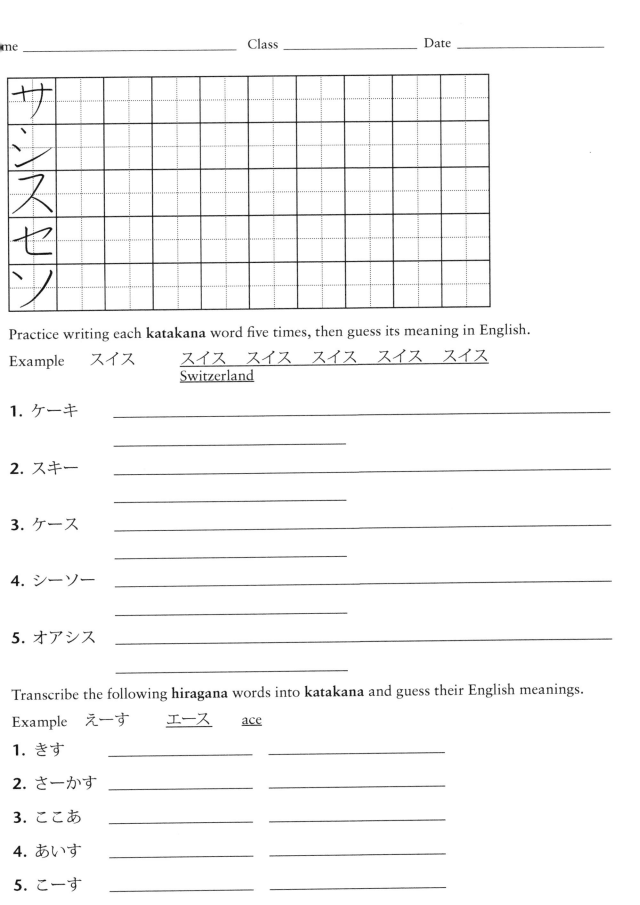

Practice writing each **katakana** word five times, then guess its meaning in English.

Example　スイス　　　　スイス　スイス　スイス　スイス　スイス
　　　　　　　　　　　　　Switzerland

1. ケーキ　　　_____

　　　　　　　_____

2. スキー　　　_____

　　　　　　　_____

3. ケース　　　_____

　　　　　　　_____

4. シーソー　　_____

　　　　　　　_____

5. オアシス　　_____

　　　　　　　_____

Transcribe the following **hiragana** words into **katakana** and guess their English meanings.

Example　えーす　　　エース　　　ace

1. きす　　　_____　_____

2. さーかす　_____　_____

3. ここあ　　_____　_____

4. あいす　　_____　_____

5. こーす　　_____　_____

II. Katakana タ〜ホ

A. Write each **katakana**, following the correct stroke order. The arrows indicate the direction o
each stroke. Pay attention to the balance of each character and how each stroke ends, *Stop* (
Release (R), or *Hook* (H). R/S indicates individual variations.

me _____ Class _____ Date _____

Practice writing each **katakana**, following the correct stroke order. Write different characters in order, rather than writing the same character repeatedly.

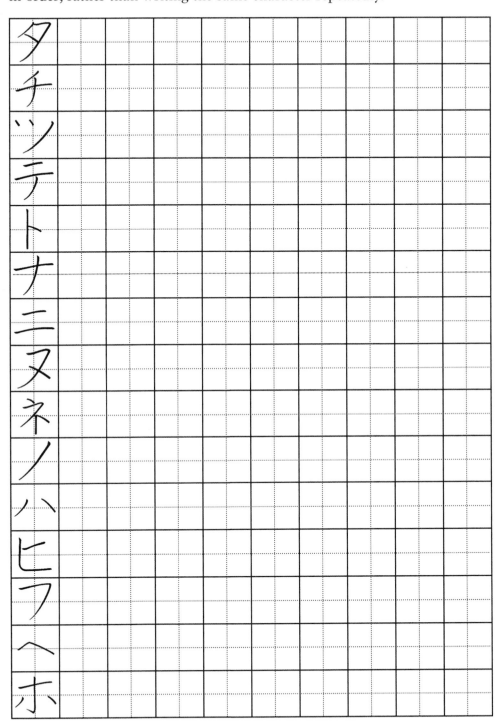

C. Practice writing each **katakana** word five times, then guess its meaning in English.

■ Example　カット　　　<u>カット　カット　カット　カット　カット</u>
　　　　　　　　　　　　<u>cut</u>

1. テスト　　　_____

　　　　　　　　_____

2. セーター　　_____

　　　　　　　　_____

3. カヌー　　　_____

　　　　　　　　_____

4. ノート　　　_____

　　　　　　　　_____

5. ヒーター　　_____

　　　　　　　　_____

D. Transcribe the following **hiragana** words into **katakana** and guess their English meanings.

■ Example　ほっと　　　<u>ホット</u>　　　<u>hot</u>

1. ねっと　　　_____　　　_____

2. たっち　　　_____　　　_____

3. てきさす　　_____　　　_____

4. おはいお　　_____　　　_____

5. えちけっと　_____　　　_____

Katakana マ〜ン

Write each **katakana**, following the correct stroke order. The arrows indicate the direction of each stroke. Pay attention to the balance of each character and how each stroke ends, *Stop* (S), *Release* (R), or *Hook* (H). R/S indicates individual variations.

マ	ワ R/S	マ S										
ミ	ミ S	ミ S	ミ S									
ム	ム S	ム S										
メ	メ R	メ S										
モ	モ S	モ S	モ S									
ヤ	ヤ H	ヤ S										
ユ	ユ S	ユ S										
ヨ	ヨ S	ヨ S	ヨ S									
ラ	ラ S	ラ R										
リ	リ S	リ R										
ル	ル R	ル H										
レ	レ H											
ロ	ロ S	ロ S	ロ S									
ワ	ワ S	ワ R										
ン	ン S	ン R										

B. Practice writing each **katakana**, following the correct stroke order. Write different character
in order, rather than writing the same character repeatedly.

マ ミ ム メ モ ヤ ユ ヨ ラ リ ル レ ロ ワ ン

Practice writing each **katakana** word five times, then guess its meaning in English.

Example　ダンス　　　　ダンス　ダンス　ダンス　ダンス　ダンス
　　　　　　　　　　　dance

1. アメリカ　_____

　　　　　　　_____

2. フランス　_____

　　　　　　　_____

3. メキシコ　_____

　　　　　　　_____

4. ステレオ　_____

　　　　　　　_____

5. レストラン _____

　　　　　　　_____

Transcribe the following **hiragana** words into **katakana** and guess their English meanings.

Example　かめら　　　カメラ　　　camera

1. いたりあ　　　_____　　_____

2. らーめん　　　_____　　_____

3. あふりか　　　_____　　_____

4. くりすます　　_____　　_____

5. おーすとらりあ _____　　_____

IV. カタカナの　ふくしゅう (Summary of Katakana)

A. The following words appear in Chapter 2 of your textbook. Write them out in **katakana** (an **hiragana if necessary**).

    1. Asian studies _____

    2. Canada_____

    3. England _____

    4. business _____

    5. Spain _____

B. Read these **katakana** words and write their meanings in English.

■ Example　コーラ　　　<u>cola</u>

    1. ニューヨーク_____

    2. シドニー _____

    3. エンジニア _____

    4. コンピュータ_____

    5. トイザラス_____

    6. マクドナルド_____

    7. ギャップ _____

    8. ピザハット _____

    9. バーガーキング_____

    10. ウォルマート _____

    11. フェデックス_____

    12. クリスピークリーム _____

C. Transcribe the following **hiragana** words into **katakana** and guess their English meanings.

■ Example　べっど　　　<u>ベッド</u>　　<u>bed</u>

    1. かたろぐ　　　_____　_____

    2. だいびんぐ　　_____　_____

    3. ぴんぽん　　　_____　_____

    4. すとろべりー　_____　_____

    5. とらんぺっと　_____　_____

    6. けんぶりっじ　_____　_____

    7. あっぷるぱい　_____　_____

    8. ばいおりん　　_____　_____

    9. ちきんすーぷ　_____　_____

    10. ちょこれーと　_____　_____

1. ちゃんす   _____   _____

2. じょぎんぐ   _____   _____

3. おれんじじゅーす   _____   _____

4. しゃーべっと   _____   _____

5. まさちゅーせっつ   _____   _____

6. しゃんぷー   _____   _____

7. にゅーじーらんど   _____   _____

8. こみゅにけーしょん   _____   _____

Transcribe the following romanized words into **katakana** and guess their English meanings. Refer to page 80 of your textbook for the **katakana** combinations.

Example   fooku   フォーク   <u>fork</u>

1. finrando   _____   _____

2. kariforunia   _____   _____

3. noruwee   _____   _____

4. dizunii rando   _____   _____

5. supagetti   _____   _____

6. sheekusupia   _____   _____

7. foomaru wea   _____   _____

8. weitoresu   _____   _____

Write your full name, state, country, and hometown in both English and **katakana**.

	English	Katakana
Name (first and last)	_____	_____
State/Country	_____	_____
Hometown	_____	_____

ボの　れんしゅう Lab Activities

Katakana ア〜ソ

ten to and repeat each of the following words or phrases. After you hear each one a second
ie, write it down. Stop the audio as necessary.

_____ 6. _____

_____ 7. _____

_____ 8. _____

_____ 9. _____

_____

Katakana タ〜ホ

ten to and repeat each of the following words or phrases. After you hear each one a second
ie, write it down. Stop the audio as necessary.

_____ 7. _____

_____ 8. _____

_____ 9. _____

_____ 10. _____

_____ 11. _____

_____

Katakana マ〜ン

ten to and repeat each of the following words or phrases. After you hear each one a second
ie, write it down. Stop the audio as necessary.

_____ 7. _____

_____ 8. _____

_____ 9. _____

_____ 10. _____

_____ 11. _____

_____ 12. _____

カタカナの　ふくしゅう (Summary of Katakana)

ten to and repeat each of the following words or phrases. After you hear each one a second
ie, write it down. Stop the audio as necessary.

_____ 14._____

_____ 15._____

_____ 16._____

_____ 17._____

_____ 18._____

_____ 19._____

_____ 20._____

_____ 21._____

_____ 22._____

_____ 23._____

_____ 24._____

_____ 25._____

_____

Chapter 3
だいさんか
Daily Routines
まいにちの　せいかつ

Workbook Activities

んごの　れんしゅう　Vocabulary Practice

Suppose today is **October 10.** Answer the following questions.

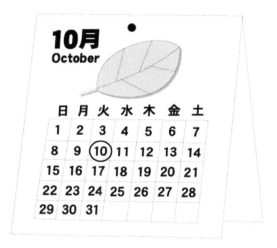

きょうは　なんようびですか。

_____

あさっては　なんようびですか。

_____

きのうは　なんようびでしたか。(〜でした = *was* 〜)

_____

B. Rewrite the following numbers in hiragana.

    1. 17   _____

    2. 51   _____

    3 99   _____

    4. 64   _____

    5. 23   _____

C. Write the following time expressions in hiragana.

    1. 9:50   _____

    2. 11:15   _____

    3. 12:03   _____

    4. 10:38 p.m.   _____

    5. 4:29 a.m.   _____

    6. 7:36 p.m.   _____

Talking about routines, future actions, or events using the polite present form of verbs and the particles に, へ, を, or で

Complete the table below by writing the polite present forms of the verbs in the left-hand column.

English verb	Polite affirmative form	Polite negative form
go	いきます	いきません
eat		
come		
return		
go to bed		
read		
see		
enter, to take (a bath)		
wake up		
do		

Complete the sentences by filling in the parentheses and the blanks with the correct particle (を, に, へ) and the most appropriate verb from the list below.

いきます よみます のみます はいります たべます します みます

Example あさごはん（を）_____たべます_____。

1. ほん（　　）_____。

2. おふろ（　　）_____。

3. ジュース (*juice*)（　　）_____。
   じゅ　す

4. テレビ（　　）_____。
   て れ び

5. しゅくだい（　　）_____。

6. がっこう（　　）_____。

C. Complete the sentences by filling in each parenthesis with the correct particle.

■ Example　コーヒー（を）のみます。
　　　　　　　こ　ひ

1. どこ（　　）いきますか。

2. シャワー（　　）あびます。
　　しゃ わ

3. うち（　　）ねます。

4. きょう　なに（　　）しますか。

5. アパート (*apartment*)（　　）かえります。
　　あ ぱ と

6. としょかん（　　）べんきょうします。

7. レストラン (*restaurant*)（　　）なに（　　）たべますか。
　　れ す と ら ん

8. どこ（　　）えいが（　　）みますか。

Presenting objects or events using 〜が　あります

ter reading each exchange, fill in the parentheses and the blanks with the appropriate particle
the verb あります.

1. A:　しゅうまつ　コンサート (concert) （　　）　ありますよ。
   　こ ん さ と

   B:　どこ （　　）ありますか。

   A:　こうえん (park) （　　）あります。

2. A:　たなかさん、きょう　じゅぎょう（　　）ありますか。

   B:　ええ、ビジネス（　　）じゅぎょう（　　）_____。
   　び じ ね す

   A:　そうですか。どこ（　　）_____か。

   B:　アレンホール (Allen Hall)（　　）_____。
   　あ れ ん ほ る

. Telling time using the particle に

swer the following questions.

まいあさ　なんじに　おきますか。

_____。

まいにち　なんじごろ　ばんごはんを　たべますか。

_____。

いつ　だいがくに　いきますか。

_____。

なんようびに　にほんごの　じゅぎょうが　ありますか。

_____。

にほんごの　じゅぎょうは　なんじなんぷんに　ありますか。

_____。

Using adverbs to express frequency of actions

Complete the sentences by filling in the parentheses with the correct particles, and put the most appropriate verbs from the list into the blanks. Change the verb into the negative form if necessary.

| します　はいります　いきます　たべます　よみます　かえります |
| おきます　みます　ねます |

Example　テレビ（を）あまり＿＿みません＿＿。

1. ほん（　　）よく＿＿＿＿＿＿＿＿＿＿＿＿＿。

2. ときどき　レストラン (restaurant)（　　）ひるごはん（　　）＿＿＿＿＿＿＿＿。
　　　　　　れすとらん

3. たいてい　あさ　ろくじ（　　）＿＿＿＿＿＿＿＿＿＿＿。

4. えいが（　　）あまり＿＿＿＿＿＿＿＿＿＿＿。

5. たいてい　ごご　ごじ（　　）うち（　　）＿＿＿＿＿＿＿＿＿＿。

6. すずきさんは　ぜんぜん　おふろ（　　）＿＿＿＿＿＿＿＿＿＿。

7. さとうさんは　いつも　ごご　じゅういちじ（　　）＿＿＿＿＿＿＿＿。

8. スミスさんは　あまり　べんきょう＿＿＿＿＿＿＿＿＿＿。
　　　すみす

9. やまださんは　ぜんぜん　じゅぎょう（　　）＿＿＿＿＿＿＿＿＿＿。

B. Answer the following questions about your daily routine using frequency expressions.

■ Example　としょかんに　よく　いきますか。

　　　　　　<u>はい、ときどき　いきます。</u> or　<u>いいえ、あまり　いきません。</u> e

1. いつも　あさ　シャワーを　あびますか。
　　　しゃわ

_____

2. よく　にほんごの　ほんを　よみますか。

_____

3. よく　としょかんで　べんきょうしますか。

_____

4. よく　おふろに　はいりますか。

_____

5. よく　テレビを　みますか。
　　　てれび

_____

6. いつも　あさごはんを　たべますか。なんじごろ　たべますか。

_____

Expressing past actions and events using the polite past form of verbs

Complete the following table by writing the polite past forms of the verbs in the left-hand column.

olite present affirmative form	Polite past affirmative form	Polite past negative form
ōきます	おきました	おきませんでした
)みます		
らびます		
)えります		
おきます		
いきます		
まいります		
きます		
らります		
します		

B. The pictures below show what Mr. Tanaka did yesterday. Write sentences describing his activities.

■ Example

 7:30   たなかさんは　しちじはんに　おきました。

1   8:15

2   9:30

3   (at the library) 11:30

4   4:40

5   (at home) 7:00

6   12:30

1. _____

2. _____

3. _____

4. _____

5. _____

6. _____

うごうれんしゅう Integration

ad the passage below describing a typical week of a teacher's life. Then answer the questions
t follow. Look only for the specific words or phrases you need to answer the questions. Don't
rry about trying to understand all of the information!

山本先生は日本語の先生です。先生は毎朝七時ごろ起きます。たいてい朝ご
はんを食べます。でも、きのうは時間がありませんでしたから、食べませんで
した。いつも八時ごろ大学に行きます。先生は九時半に一年生の日本語の授
業があります。そして、十一時に三年生の日本語の授業があります。よく学
食 (school cafeteria) で昼ごはんを食べます。そして、毎日五時にうちに帰ります。
夜はたいていうちで晩ごはんを食べます。テレビはぜんぜん見ません。週末
にときどきデパートに行って、それから映画を見ます。きのうも日本の映画
を見ました。

1. やまもとせんせいは　なんじに　おきますか。

_____

2. せんせいは　きのう　あさごはんを　たべましたか。

_____

3. いつ　だいがくに　いきますか。

_____

4. なんじに　さんねんせいの　にほんごの　じゅぎょうが　ありますか。

_____

5. どこで　ばんごはんを　たべますか。

_____

6. せんせいは　よく　テレビを　みますか。

_____

7. せんせいは　きのう　えいがを　みましたか。

_____

ラボの　れんしゅう Lab Activities

Part 1: Vocabulary

Please turn to the vocabulary list on pp. 84–87 of your textbook and repeat each word or phrase you hear.

Part 2: Vocabulary Practice

Listen and write the numbers you hear, using Arabic numerals.

_____   3. _____   5. _____

_____   4. _____   6. _____

Listen and write the time expressions you hear, using Arabic numerals.

You hear: ごぜんいちじ

You write: <u>1:00 a.m.</u>

_____   5. _____   8. _____

_____   6. _____   9. _____

_____   7. _____   10. _____

_____

rt 3: Speaking and Listening Comprehension Activities

Talking about routines, future actions, and events, using the polite present form of verbs and the particles に, へ, を, or で

Create a sentence using the words you hear. Supply the correct particles.

You hear: テレビ　みます。
　　　　　　て れ び
You say: テレビを　みます。
　　　　　て れ び
You hear: テレビを　みます。
　　　　　 て れ び

Form a question using the words you hear. Supply the correct particles. Then answer the question using the cue you hear.

You hear: なに　よみます。

You say: なにを　よみますか。

You hear: なにを　よみますか。

You repeat: なにを　よみますか。

You hear: ほん

You say and write: <u>ほんを　よみます。</u>

_____

_____

_____

_____

_____

Presenting objects or events using 〜が　あります

ten to each of the following questions and answer each question first orally, then in writing.

_____

_____

_____

_____

. Telling time using the particle に

Look at Mr. Yamada's schedule below, and answer the questions.

You hear: 　　　やまださんは　なんじに　おきますか。

You say and write: <u>しちじに　おきます。</u>

7:00 a.m.	おきます。
7:30 a.m.	シャワーを　あびます。 しゃわ
8:10 a.m.	だいがくに　いきます。
8:35 a.m.	にほんごの　じゅぎょうが　あります。
12:30 p.m.	ひるごはんを　たべます。
1:35 p.m.	ぶんがくの　じゅぎょうが　あります。
4:00 p.m.	うちに　かえります。

_____

_____

_____

_____

_____

🔊 B. Look at Mr. Suzuki's schedule. Listen to each statement and circle はい if it is true and いいえ if it is false.

■ You hear : すずきさんは　はちじに　おきます。

You see: はい　いいえ

You circle: はい，because Mr. Suzuki wakes up at eight o'clock.

8:00 a.m.　　　8:30 a.m.　　　9:15 a.m.　　　10:00 a.m.
history class

12:00 p.m.　　　1:30 p.m.　　　4:00 p.m.　　　6:30 p.m.

9:00 p.m.　　　12:30 a.m.

1. はい　　いいえ	**4.** はい　　いいえ
2. はい　　いいえ	**5.** はい　　いいえ
3. はい　　いいえ	**6.** はい　　いいえ

🔊 C. Look at Mr. Suzuki's schedule again and answer the following questions using はい、〜ます or いいえ、〜ません.

■ You hear: すずきさんは　はちじに　おきますか。

You say and write: <u>はい、おきます。</u>

1. _____   4. _____

2. _____   5. _____

3. _____   6. _____

Using adverbs to express frequency of actions

Listen, then form a sentence with the frequency adverbs you hear.

You hear: あさごはんを　たべます。/ よく

You say:　よく　あさごはんを　たべます。

You hear:　よく　あさごはんを　たべます。

Listen to the following exchanges between Mr. Johnson and Ms. Kimura. Complete each statement based on their conversation.

You hear:　ジョンソン：きむらさんは　どこで　べんきょうしますか。
　　　　　じょんそん
　　　　　きむら：　　そうですね。としょかんで　よく　べんきょうしますね。
　　　　　　　　　　ジョンソンさんは。
　　　　　　　　　　じょんそん
　　　　　ジョンソン：ぼくは　としょかんでは　ぜんぜん　べんきょうしません。
　　　　　じょんそん
　　　　　でも、よく　がくせいかいかん (student union) で　します。

You write:　きむらさんは　<u>よく</u>　としょかんで　<u>べんきょうします</u>。

　　　　　ジョンソンさんは　<u>ぜんぜん</u>　としょかんで　<u>べんきょうしません</u>。
　　　　　じょんそん

1. きむらさんは _____ きっさてんに _____。

　　ジョンソンさんも _____ きっさてんに　いきません。
　　じょんそん

2. きむらさんは _____ おふろに　はいります。

　　ジョンソンさんは _____ おふろに _____。
　　じょんそん

3. きむらさんは _____ コーヒーを _____。
　　　　　　　　　　　　　　　こ　　ひ
　　ジョンソンさんは _____ コーヒーを　のみます。
　　じょんそん　　　　　　　　　　　　　こ　ひ

4. きむらさんは _____ あさごはんを _____。

　　ジョンソンさんは _____ あさごはんを _____。
　　じょんそん

5. きむらさんは _____ えいがを _____。

　　ジョンソンさんは _____ えいがを _____。
　　じょんそん

Expressing past actions and events using the polite past form of verbs

Listen to each of the following questions and cues. Answer each question orally, using the cue. You will then hear the correct answer.

You hear:　きのう　ほんを　よみましたか。/ いいえ

You say:　　いいえ、よみませんでした。

You hear:　いいえ、よみませんでした。

Listen to the following exchanges. After each one, fill in the blank to complete the statement about the exchange.

You hear:　おとこのひと (*man*)：　　きのう　なんじに　ねましたか。

　　　　　おんなのひと (*woman*)：じゅういちじはんに　ねました。

You write: おんなのひとは　きのう　<u>じゅういちじはんに</u>　<u>ねました。</u>

おんなのひとは　きのう _____ で _____。

おんなのひとは　きのう _____ごろ _____を _____。

おんなのひとは　きのう _____の _____を _____。

rt 4: Dict-a-Conversation

ıagine that you, Smith, are on your college campus and you run into your friend Suzuki around chtime. Listen to what Mr. Suzuki says to you. Then write it down and add your replies.

ずき： _____

ミス： _____
<ruby>み<rt></rt>す<rt></rt></ruby>

ずき： _____

ミス： _____
<ruby>み<rt></rt>す<rt></rt></ruby>

ずき： _____

ミス： _____
<ruby>み<rt></rt>す<rt></rt></ruby>

ずき： _____

ミス： _____
<ruby>み<rt></rt>す<rt></rt></ruby>

ずき： _____

Chapter 4
だいよんか
Japanese Cities
にほんの　まち

Workbook Activities

んごの　れんしゅう　Vocabulary Practice

Answer the following questions in Japanese.

1. よく　カフェに　いきますか。

_____

2. カフェで　なにを　しますか。

_____

3. せんしゅう　デパートに　いきましたか。

_____

4. 大学の　ほんやに　よく　いきますか。
だいがく

_____

5. こんしゅう　にほんごの　テストが　ありますか。どこで　ありますか。

_____

B. Complete the following sentences by using the most appropriate adjective from the list ＋ です

■ Example わたしの うちは <u>大きいです</u>。
おお

1. わたしの 大学は ＿＿＿＿＿＿＿＿＿＿＿＿＿＿＿＿。
だいがく

2. ニューヨークの まちは ＿＿＿＿＿＿＿＿＿＿＿＿＿＿＿＿。

3. わたしの かばんは ＿＿＿＿＿＿＿＿＿＿＿＿＿＿＿＿。

4. イチロー (*Ichiro Suzuki*) は ＿＿＿＿＿＿＿＿＿＿＿＿＿＿＿＿。

5. わたしの にほんごの きょうかしょは ＿＿＿＿＿＿＿＿＿＿＿＿＿＿＿＿＿＿。

あたらしい	ふるい	ちいさい	大きい おお
きれい	ゆうめい	りっぱ	あかい
あおい	くろい	しろい	ちゃいろい

Referring to things using これ, それ, あれ, どれ

Mr. Smith and Ms. Kimura are talking about various things. Look at the drawing and complete their conversation, using これ, それ, あれ or other appropriate words.

スミス： あのう、すみません。＿＿＿＿＿＿は　にほんごで　なんと　いいますか。

きむら： けしゴムと　いいます。

スミス： そうですか。じゃあ、＿＿＿＿＿＿＿＿＿は　なんと　いいますか。

きむら： これですか。　　これは　えんぴつと　いいます。

スミス： そうですか。じゃあ、＿＿＿＿＿＿＿＿＿＿は　なんですか。

きむら： ＿＿＿＿＿＿＿＿＿は　じしょです。

スミス： ＿＿＿＿＿＿＿＿＿は　なんと　いいますか。

きむら： かばんと　いいます。

スミス： そうですか。＿＿＿＿＿＿＿＿＿は　*notebook*と　いいますか。

きむら： いいえ、＿＿＿＿＿＿＿は　ノートって　いいます。＿＿＿＿＿＿は
スミスさんの　ノートですか。

スミス： ええ、そうです。＿＿＿＿＿＿は＿＿＿＿＿の　かばんですか。

きむら： やまださんの　かばんですよ。

スミス： じゃあ、＿＿＿＿＿＿＿＿＿も　やまださんの　じしょですか。

きむら： いいえ、わたしの　じしょです。

B. Look at the map below. Mr. Yamada (A) is showing Mr. Kim (B) around the town. They a
now standing right in front of the police station. Complete their conversation using これ,
それ, あれ, どれ.

キム：　　やまださん、＿＿＿＿＿は　なんですか。

やまだ：きっさてんです。

キム：　　じゃあ、＿＿＿＿＿＿は　大学ですか。
　　　　　　　　　　　　　　　　だいがく

やまだ：いいえ、＿＿＿＿＿＿は　びょういんの　たてものですよ。

キム：　　そうですか。　りっぱですね。＿＿＿＿＿＿＿は　なんですか。

やまだ：＿＿＿＿＿＿＿は　ぎんこうですよ。

キム：　　大きいですね。じゃあ、ほんやは＿＿＿＿＿ですか。
　　　　　おお

やまだ：ほんやですか？　ほんやは＿＿＿＿＿です。

Asking for and giving locations using ～は　～に　あります／ います　and ここ,そこ,あそこ

Look at the drawing of a street. You and your friend Mr. Tanaka are standing in front of the police box. Mr. Tanaka asks you about different places in the neighborhood. Answer his questions using ここ,そこ,あそこ.

Example　A:　としょかんは　どこに　ありますか。
　　　　　B:　<u>そこ／あそこに　あります。</u>

1. A:　こうえんは　どこに　ありますか。
   B: _____

2. A:　ゆうびんきょくは　どこに　ありますか。
   B: _____

3. A:　ほんやは　どこに　ありますか。
   B: _____

4. A:　きっさてんは　どこに　ありますか。
   B: _____

B. Answer the following questions using 〜に　あります.

■　Example　じょうとう大学は　どこに　ありますか。
　　　　　　だいがく
　　　　　とうきょうに　あります。

1. 〜さん *(you)* の　うちは　どこに　ありますか。

_____

2. いま　〜さん *(you)* は　どこに　いますか。

_____

3. ディズニーランドは　どこに　ありますか。

_____

4. いま　〜さん *(you)* の　ともだちは　どこに　いますか。

_____

5. よく　レストランに　いきますか。なにを　たべますか。
　　レストランは　どこに　ありますか。

_____

_____

Fill in the parentheses with the appropriate particles. If nothing is appropriate, write an x instead.

1. スミス： たなかさん（　　）りょう（　　）どこ（　　）ありますか。

たなか： あそこ（　　）あります。

2. A： こんばん、えいが（　　）ありますよ。

B： どこ（　　）ありますか。

A： スミスホール（　　）あります。

B： そうですか。なんじ（　　）ありますか。

A： えーと、はちじ（　　）ありますよ。

3. A： ブラウンさん（　　）いま　どこ（　　）いますか。

B： としょかん（　　）いますよ。

A： ああ、そうですか。

4. ブラウン： すずきさん、いま、じゅぎょう（　　）いきますか。

すずき： ええ、アレンホール（　　）にほんご（　　）じゅぎょう

（　　）あります。

ブラウン： そうですか。アレンホール（　　）どれ（　　）ですか。

すずき： あれ（　　）ですよ。

. Describing people and things using adjectives + noun, and polite present forms of adjectives

Write your answer to each of the following questions, choosing from the adjectives in the box. Follow the model.

大きい　ちいさい　あたらしい　ふるい　あかい　あおい　くろい　しろい
　おお

たかい　いい　きれい（な）　りっぱ（な）　ゆうめい（な）

Example　〜さん (you) の　きょうかしょは　どんな　きょうかしょですか。

　　　　　<u>あたらしい　きょうかしょです。</u>

1. 〜さんの　大学は　どんな　大学ですか。
　　　　　だいがく　　　　　　　　だいがく

　_____

2. 大学の　ほんやは　どんな　たてものですか。
　だいがく

　_____

3. 〜さんの　かばんは　どんな　かばんですか。

　_____

4. 〜さんの　ボールペンは　どんな　ボールペンですか。

　_____

B. Complete the following chart by writing the appropriate adjective forms.

Dictionary form	Polite affirmative form	Polite negative form	Adjective + Noun
大きい おお	大きいです おお	大きくありません おお	大きい　うち おお
ちいさい			うち
ゆうめい			うち
いい			うち
あたらしい			うち
りっぱ			うち
きれい			うち
ちゃいろい			うち
ふるい			うち

C. Answer the following questions, using the appropriate forms of the adjectives and adverbs.

■　Example　〜さん (you) の　大学は　大きいですか。
　　　　　　　　　　　　　だいがく　　　おお

　　　<u>ええ、とても　大きいです。</u>
　　　　　　　　　　　　　おお

　　1.　〜さんの　大学は　ふるいですか。
　　　　　　　　　だいがく

　　　　_____

　　2.　大学の　としょかんは　りっぱですか。
　　　　だいがく

　　　　_____

　　3.　大学の　りょうは　いいですか。
　　　　だいがく

　　　　_____

　　4.　〜さんの　まちの　スーパーは　きれいですか。

　　　　_____

　　5.　〜さんの　じしょは　ふるいですか。

　　　　_____

Complete the following conversations using the appropriate words.

Example　たなか: さとうさん、さとうさんの　大学(だいがく)は　大(おお)きいですか。

　　　　　さとう: ええ、とても　<u>大(おお)きいですよ</u>。

1. ブラウン: かとうさんの　りょうは　りっぱですか。

　　かとう:　　いいえ、あまり_____。

2. A: スミスさんの　うちは_____うちですか。

　　B: とても　きれいな　うちですよ。

　　A: しずかですか。

　　B: ええ、とても_____よ。

3. うえだ: たなかさんの　とけい (*watch*) は　とても_____ね。

　　たなか: ええ、わたしの　おばあさん (*grandmother*) の　とけいですよ。

　　　　　　アンティーク (*antique*) です。

4. A: すみません、ゆうびんきょくは　どこに_____か。

　　B: ゆうびんきょくですか。　あそこ_____よ。

　　A: あ、あれですか。あまり_____ね。

　　B: ええ、ちいさいですね。

5. A: あかるい　へや (*room*) ですね。

　　B: ええ、とても_____ね。

　　A: _____の　へやですか。

　　B: スミスさんの　へやですよ。

ᵗ. Describing people, things, and their locations using 〜に　〜が　あります／います

Answer the following questions. If you want to use a proper noun or a foreign word, try to write it in **katakana**.

Example　とうきょうに　なにが　ありますか。

　　　　　<u>じょうとう大学が　あります。</u>
　　　　　　　　だいがく

1. ニューヨークに　なにが　ありますか。

_____

2. ハリウッド (*Hollywood*) に　だれが　いますか。

_____

3. フロリダに　なにが　ありますか。

_____

4. ちゅうごくに　なにが　いますか。

_____

5. パリ (*Paris*) に　どんな　たてものが　ありますか。

_____

6. ワシントン D.C. に　ゆうめいな　ひとが　いますね。だれが　いますか。

_____

B. Complete the following dialogue.

1. A: シカゴに　どんな　たてものが ＿＿＿＿＿＿＿＿＿＿＿＿＿＿＿＿＿。

B: そうですね、たかい　たてもの ＿＿＿＿＿＿＿＿＿＿＿＿＿＿＿。

2. A: このへんに　びょういんが ＿＿＿＿＿＿＿＿＿＿＿ か。

B: ええ、＿＿＿＿＿＿＿＿＿＿ よ。

A: そうですか。＿＿＿＿＿＿＿＿＿＿＿ たてものですか。

B: りっぱな　たてものですよ。

3. A: すみません、このへんに　コンビニ ＿＿＿＿＿＿＿＿＿＿＿＿＿。

B: ええ、＿＿＿＿＿＿＿＿＿＿ よ。

A: そうですか、＿＿＿＿＿＿＿＿＿＿ か。

B: あそこ ＿＿＿＿＿＿＿＿＿＿＿ よ。

4. A: としょかんに ＿＿＿＿＿＿＿＿＿＿＿ か。

B: たなかさんが ＿＿＿＿＿＿＿＿＿＿ よ。

A: やまださんは？

B: やまださんは　いませんでしたよ。

Using よ and ね

in the blanks with either よ or ね.

Example　A: やまださんは　学生です__ね__。
がくせい

　　　　　B: ええ、そうです。

1. A: やまださんの　うちは　とても　きれいです_____。

   B: ええ、そうですね。

2. A: すみません、いま　なんじですか。

   B: ごじはんです_____。

   A: そうですか。どうも　ありがとう　ございます。

3. A: すみません、ぎんこうは　どこに　ありますか。

   B: ぎんこうですか。そこです_____。

   A: あかい　たてものですか。

   B: いいえ、しろい　たてものです _____。

   A: ああ、大きい　たてものです _____。わかりました。
      おお
      ありがとう　ございます。

4. たなか: きのう　なんじごろ　ばんごはんを　たべましたか。

   スミス: ろくじごろ　たべました_____。たなかさんは？

   たなか: ぼくは　しちじごろ　たべました _____。

5. ブラウン: あのう、先生、テストは　げつようびです_____。
            せんせい

   先生: 　　いいえ、ブラウンさん、あしたです _____。
   せんせい

   ブラウン: え？　あしたですか？

   先生: 　　そうですよ。べんきょうして　ください。
   せんせい

·うごうれんしゅう Integration

r. Sato and Mr. Hayashi live in the same dormitory at Joto University. They bumped into each
ner in front of McDonald's near Shibuya Station around 1:30 p.m. Complete their conversation.

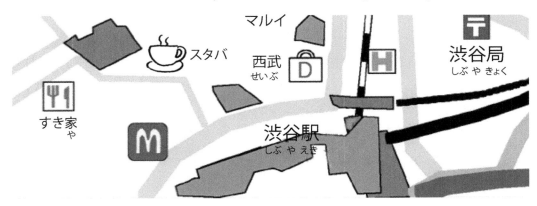

さとう：あ、こんにちは、はやしさん。ひるごはん_____。

はやし：ええ、たべましたよ。さとうさんは？

さとう：ぼくも　すき家で_____よ。

はやし：え？　すき家って_____。

さとう：ぎゅうどん (beef bowl) の　レストランですよ。

はやし：そうですか。すき家は_____。

さとう：あれですよ。はやしさんは　これから (from now)　なにを　しますか。

はやし：ぼくは　あたらしい　Ｔシャツを　かいたいです (want to buy)。

　　　　このへんに　デパートが_____。

さとう：ええ、西武デパート_____よ。

はやし：西武デパートは_____。

さとう：あそこ_____よ。

はやし：とても　りっぱな　たてものですね。

さとう：そうですね。

はやし：さとうさんは　これから (from now) どこ_____。

さとう：スタバに　いきます。

はやし：スタバで＿＿＿＿＿＿＿＿＿＿＿＿＿＿＿＿＿。

さとう：コーヒー＿＿＿＿＿＿＿＿＿＿＿＿＿＿。そして (and)、れきしの

しゅくだい＿＿＿＿＿＿＿＿＿＿＿＿＿＿＿＿。

はやし：そうですか。さとうさん、きょう＿＿＿＿＿＿＿＿＿＿＿＿＿＿りょうに

かえりますか。

さとう：たぶん (maybe)　ごじごろ　かえりますよ。

はやし：そうですか。じゃあ、　また　あとで (see you later)。

く　れんしゅう **Writing Practice**

Look at the chart on page 161 of your textbook and write each **kanji** ten times using the handwritten style.

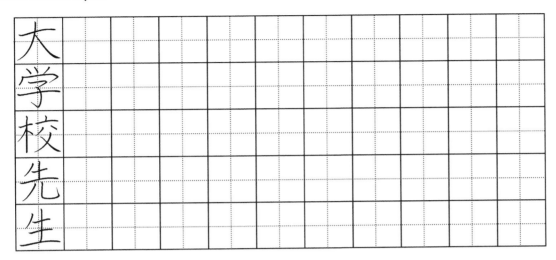

Rewrite each sentence using **kanji, hiragana,** and **katakana**.

1. わたしの　だいがくは　あまり　おおきくありません。

_____

2. がっこうは　どこに　ありますか。

_____

3. あそこに　にほんごの　せんせいが　います。

_____

4. すみすさんは　がくせいです。

_____

ラボの　れんしゅう **Lab Activities**

Part 1: Vocabulary

Please turn to the vocabulary list on pp. 124–126 of your textbook and repeat each word or phrase you hear.

rt 2: Speaking and Listening Comprehension Activities

Referring to things, using これ, それ, あれ, どれ

Look at the drawing of a street. You and a friend are at locations A and B in front of the police box and your friend is telling you about the buildings. Listen carefully and circle はい if the statement is true, and いいえ if it is false.

You hear:　それは　スーパーです。

You circle:　はい

　　はい　いいえ　　**3.**　　はい　いいえ　　**5.**　　はい　いいえ

　　はい　いいえ　　**4.**　　はい　いいえ

B. Listen to each statement **Ms. Kimura makes** about the items pictured. Circle はい if it is true and いいえ if it is false.

■   You hear: これは　にほんごで　かばんと　いいます。

         You circle: いいえ

1.   はい　いいえ   **3.**   はい　いいえ   **5.**   はい　いいえ

2.   はい　いいえ   **4.**   はい　いいえ

Asking for and giving locations, using 〜は 〜に あります／います and ここ,そこ,あそこ

ok at the drawing of a room. You are at location A and your friend is at location B. Listen
refully to what your friend says and circle the appropriate words in the list.

you
A
friend
B

やまだ

スミス

You hear:　　　やまださんは　どこに　いますか。

You circle:　（ここ　そこ　あそこ）　に　（あります　います）。

1. （ここ　そこ　あそこ）　に　（あります　います）。

2. （ここ　そこ　あそこ）　に　（あります　います）。

3. （ここ　そこ　あそこ）　に　（あります　います）。

4. （ここ　そこ　あそこ）　に　（あります　います）。

5. （ここ　そこ　あそこ）　に　（あります　います）。

Describing people and things, using adjective + noun and the polite present form of adjectives

First, look at the chart describing various buildings and places. Then listen to each question and circle はい if the answer is true and いいえ if it is false. Stop the audio as necessary.

You hear:　　たなかさんの　アパートは　きれいな　アパートですか。

You circle:　　はい

なかさんの　アパート	きれい　　ちいさい
学の　りょう がく	ふるい　　たかい
ずきさんの　うち	あたらしい　　ちいさい
しょかん	りっぱ　　ちゃいろい
ょうとう大学 だいがく	大きい　　ゆうめい　　いい おお

　　はい　いいえ　　　　3.　　はい　いいえ　　　　5.　　はい　いいえ

　　はい　いいえ　　　　4.　　はい　いいえ　　　　6.　　はい　いいえ

Look at the following illustrations and make a statement about each, using adjective + noun. You will hear the correct answer. Then stop the audio and write it.

You say:　　わたしの　大学は　ちいさい　大学です
　　　　　　　　　だいがく　　　　　　だいがく

You hear:　　わたしの　大学は　ちいさい　大学です。
　　　　　　　　　だいがく　　　　　　だいがく

You write:　<u>わたしの　大学は　ちいさい　大学です。</u>
　　　　　　　　　だいがく　　　　　　だいがく

1. _____

2. _____

RED

3. _____

4. _____

5. _____

6. _____

Mr. Li is talking about his university. Listen, and write the dictionary form of each adjective that describes it. Then decide whether the statement is affirmative or negative.

You hear:　　わたしの　大学<small>だいがく</small>は　とても　ふるいです。

You write:　　大学<small>だいがく</small>　ふるい　（<u>affirmative</u>　negative）

1. 大学<small>だいがく</small> _____ （affirmative　negative）

2. コンピュータ・ルーム_____ （affirmative　negative）

3. りょう _____ （affirmative　negative）

4. としょかん_____ （affirmative　negative）

5. ほんや _____ （affirmative　negative）

6. ゆうびんきょくの　たてもの _____ （affirmative　negative）

Listen, and answer the questions according to the cues you hear. Then repeat the correct answer after the speaker.

You hear:　　大学<small>だいがく</small>の　たてものは　大<small>おお</small>きいですか。/ いいえ

You say:　　いいえ、　大<small>おお</small>きくありません。　or　大<small>おお</small>きくないです。

You hear:　　いいえ、　大<small>おお</small>きくありません。　or　大<small>おお</small>きくないです。

You hear:　　大学<small>だいがく</small>の　たてものは　大<small>おお</small>きいですか。/ ええ　とても

You say:　　ええ、とても　大<small>おお</small>きいです。

You hear:　　ええ、とても　大<small>おお</small>きいです。

Describing people, things, and their locations using 〜に 〜が　あります／います

swer each of the following questions orally. Then write the answer. Stop the audio as necessary.

You hear: 大学に　なにが　ありますか。
　　　　　だいがく

You say: 大きい　としょかんが　あります。
　　　　おお

You write: <u>大きい　としょかんが　あります。</u>
　　　　　　おお

1. _____

2. _____

3. _____

4. _____

5. _____

6. _____

Using よ and ね

Answer each of the following questions using よ. Then stop the audio and write your answer.

You hear: 学生ですか。
がくせい

You say: ええ、そうですよ。

You write: <u>ええ、そうですよ。</u>

1. _____

2. _____

3. _____

4. _____

5. _____

6. _____

🔊 B. Confirm the questions you hear with ね. If ね cannot be used, say "impossible." Then, stop the audio and write your answer. Follow the example.

■ You hear: 学生ですか。
がくせい

You say: 学生ですね。
がくせい

You hear: 学生ですね。
がくせい

You write: <u>学生ですね。</u>
がくせい

You hear: あれは　なんですか。

You say: impossible

You hear: impossible

You write: <u>impossible</u>

1. _____

2. _____

3. _____

4. _____

5. _____

6. _____

rt 3: Dict-a-Conversation

ı, Smith, are talking with your Japanese friend Ms. Kimura. You are asking her about various ldings around town.

スミス： (pointing at a nearby building) _____

きむら： _____

スミス： _____

きむら： _____

スミス： _____

きむら： _____

スミス： _____

Chapter 5
だいごか
Japanese Homes
日本の　うち
に　ほん

Workbook Activities

んごの　れんしゅう　Vocabulary Practice

swer the following questions in Japanese.

1. 今日　学食へ　いきましたか。
　　きょう　がくしょく

_____

2. ～さん (*you*) の　へやに　コンピュータが　ありますか。どんな
　　コンピュータですか。

_____

3. ～さんは　じてんしゃが　ありますか。

_____

4. 大学の　たいいくかんは　どこに　ありますか。きれいな　たてものですか。

_____

5. 日本語の　きょうしつは　くらいですか。
　　に　ほん　ご

_____

6. ～さんの　りょう／アパート／うちは　しずかですか。

_____

Referring to people, places, and things using この，その，あの，どの

ok at the drawing of a room. Imagine that Ms. Ueda is sitting on the bed and Ms. Kimura is in
nt of the bookshelf. Complete the following conversation using この，その，あの，どの.

きむら：　上田さん、_____この_____へやは　上田さんの　へやですか。

上田：　　ええ、そうです。

きむら：　とても　あかるいですね。　あのう、_____いぬは　上田さんの
　　　　　　いぬですか。

上田：　　ええ、そうです。なまえは　チビタンです。

きむら：　かわいい (cute) ですね。_____ねこも　上田さんの　ねこですか。

上田：　　え？_____ねこですか。

きむら：　(pointing out the window) _____ねこですよ。

上田：　　ああ、_____ねこは　となり (neighbor) の　ねこです。

きむら：　そうですか。ところで (by the way)、上田さん、_____とけいは
　　　　　　とても　きれいですね。

上田：　　ええ。あたらしい　とけいですよ。

Using location nouns: 中(なか), そと, となり, よこ, ちかく, うしろ, まえ, 上(うえ), 下(した), みぎ, ひだり

Look at the drawing of Mr. Suzuki's room. Complete the following description, by putting the correct location nouns in parentheses and fill in the blanks with the most appropriate words. Use your right and left as you look at the room.

すずきさんの　へやの（　　　　　）に　あたらしい　ベッドが　あります。

ベッドの（　　　　　）に　きれいな　えが　あります。そして、テレビの

（　　　　）に　キャビネット (cabinet) が　あります。キャビネットの

（　　　　）には　日本(にほん)の　えいがの　DVDが　あります。すずきさんは

しゅうまつ　よく　DVDを　_____。つくえの（　　　　）に　本棚(ほんだな)が

あります。本棚(ほんだな)の（　　　　）に　すずきさんの　ごりょうしん (parents) のしゃ

しんが　あります。本棚(ほんだな)の（　　　　）には　たくさん (many)　本(ほん)が

あります。すずきさんは　ときどき　そとの　きの（　　　　）で　本(ほん)を

_____。

B. Look at the drawing in Activity A, and describe the following objects using location nouns.

■ Example おしいれ　　　　　　<u>へやの　みぎに　おしいれが　あります。</u>

1. ドア　　　　　　　_____

2. とけい　　　　　　_____

3. いぬ　　　　　　　_____

4. コンピュータ　　　_____

5. ふとん　　　　　　_____

C. Look at the street map. A police officer (A) is standing in front of the police box. People com
up to him to ask about different places in the neighborhood. Complete their conversations
using location nouns.

1. A: きっさてんは　どこに　ありますか。

B: _____

2. A: こうえんの　まえに　なにが　ありますか。

B: _____

3. A: 本屋の　となりの　たてものは　なんですか。
　　　ほん や

B: _____

4. A: 学校の　うしろに　なにが　ありますか。

B: _____

5. A: _____

B: こうばんの　となりの　たてものです。

6. A: _____

B: ゆうびんきょくの　まえの　たてものです。

. Referring to things mentioned immediately before, using noun/ adjective + の (pronoun)

Write appropriate statements using adjective + の. Refer to the chart below for information on various university facilities.

学生会館 かいかん	コンピュータ・ルーム	としょかん	たいいくかん
大きい きれい	しずか せまい	あたらしい あかるい	ふるい りっぱ

Example 大きい   <u>大きいのは　学生かいかんです。</u>

1. せまい _____

2. きれい _____

3. りっぱ _____

4. あかるい _____

5. しずか _____

B. Fill in the blanks with the appropriate expressions, using adjective/noun + の.

	山田 やまだ	スミス	キム	リン
じしょ	小さい ちい	きれい	あたらしい	小さい ちい
ノート	あかい	しろい	あおい	くろい
きょうかしょ	きれい	ふるい	あたらしい	あたらしい

■ Example　くろい　ノートは　<u>リンさんの</u>　です。

1. しろい　ノートは＿＿＿＿＿＿です。あかいのは＿＿＿＿＿＿です。

2. あたらしい　じしょは＿＿＿＿＿＿です。＿＿＿＿＿＿は　スミスさんのです。

3. きれいな　きょうかしょは＿＿＿＿＿＿です。ふるいのは＿＿＿＿＿＿です

4. キムさんの　きょうかしょは　あたらしいです。＿＿＿＿＿＿も

あたらしいです。

5. 山田さんの　ノートは　あかいです。でも、＿＿＿＿＿＿は　あおいです。
やまだ

6. 山田さんの　じしょは　小さい　じしょです。＿＿＿＿＿＿も　小さいです。
やまだ　　　　　　　　　ちい　　　　　　　　　　　　　　　　　　　　ちい

Expressing distance and duration using the particles から, まで, and で and the suffix ～ぐらい／くらい

Write the following time expressions in **hiragana**.

6 hours 30 minutes _____

10 hours _____

4 hours 14 minutes _____

9 hours 23 minutes _____

About 30 minutes _____

About 7 hours _____

For each of the following, write your answer or create a question based on the answer provided.

1. 昨日　なんじかんぐらい　ねましたか。
きのう

_____

2. (About Question 1) なんじから　なんじまで　ねましたか。

_____

3. まいばん　なんじごろ　ねますか。

_____

4. 明日　なんじかん　じゅぎょうが　ありますか。
あした

_____

5. うち／りょう／アパートから　大学まで　どのぐらい　かかりますか。

_____

6. A:_____

　　B: たいてい　２じかんぐらい　べんきょうします。

7. A:_____

　　B: そうですね。学食まで　１０ぷんぐらい　かかります。
　　　　がくしょく

C. Complete the following paragraph with the appropriate **hiragana** or *x* (if nothing is appropria

わたし（　　）毎日（　　）あさ　はちじ（　　）（　　）バス（　　）大学（
まいにち

いきます。うち（　　）（　　）大学（　　）（　　）さんじゅっぷん（

ぐらい（　　）かかります。じゅうじ（　　）（　　）じゅういちじ（　　）（

日本語（　　）じゅぎょう（　　）あります。そのあと (after that)、たいてい（
にほんご

学食（　　）ひるごはん（　　）たべます。そして、しばふ (grass)（　　）上（
がくしょく　　　　　　　　　　　　　　　　　　　　　　　　　　　　　　　　うえ

日本語（　　）べんきょうします。
にほんご

More about the topic marker は and the similarity marker も (double particles and は vs. が)

Complete each of the following sentences by filling in the blanks with the correct particle(s) to mark each topic.

Example　昨日　本屋に　いきました。
　　　　きのう　ほんや

　　　　その　本屋には　日本語の　じしょが　ありました。
　　　　　　ほんや　　　にほんご

あそこに　山田さんが　います。山田さん _____ とうきょうから　きました。
　　　　　やまだ　　　　　　　　やまだ

今日の　ごご　大学の　ちかくの　カフェで　コーヒーを　のみます。
きょう

その　カフェ _____ とても　きれいです。

わたしの　大学は　じょうとう大学です。

大学 _____ 大きい　としょかんが　あります。

おととい　日本りょうり (cuisine) の　レストランに　いきました。
　　　　にほん

その　レストラン _____ すし (sushi) を　たべました。

いま　くじです。くじ _____ いい　テレビばんぐみ (program) が　あります。

Fill in the blanks of the following conversational exchanges with the particle も or a double particle (X も).

1. A: わたしは　まいあさ　コーヒーを　のみます。

   B: そうですか。オレンジジュース (orange juice)_____ のみますか。

   A: ええ、のみますよ。

2. A: たいてい　どこで　べんきょうしますか。

   B: そうですね、よく　としょかんで　します。

   A: へや _____ しますか。

   B: ええ、しますよ。

3. A: 日本語の　じゅぎょうは　もくようびに　ありますか。

A: ええ、きんようび＿＿＿＿＿　ありますよ。

C. Fill in the blanks of the following conversational exchanges with は, が or も.

1. A: あのう、すみません。ゆうびんきょく＿＿＿＿＿どこに　ありますか。

B: ゆうびんきょくですか。そこですよ。

A: そうですか。どうも　ありがとう　ございます。

2. A: リーさん＿＿＿＿＿どの　人ですか。

B: あの　人です。

3. 田中：　山田さんの　けしゴム＿＿＿＿どれですか。

山田：　これです。

田中：　そうですか。あれ＿＿＿＿＿山田さんのですか。

山田：　いいえ、　スミスさんのです。

4. A: どの　たてもの＿＿＿＿＿＿　えきですか。

B: あれ＿＿＿＿＿えきですよ。

A: 大きいですね。じゃあ、こうばん＿＿＿＿＿＿　どれですか。

B: そこに　小さい　たてもの＿＿＿＿＿＿ありますね。　それですよ。

5. A: そこに　いぬ＿＿＿＿＿＿いますよ。

B: えっ。どこですか。

A: そこに　あかい　かばん＿＿＿＿＿ありますね。いぬ＿＿＿＿＿その　かばんの
うしろに　います。

6. A: だれ＿＿＿＿＿＿昨日の　パーティに　いきましたか。

B: すずきさん＿＿＿＿＿＿いきました。

うごうれんしゅう **Integration**

aw a picture of your room. Then write an essay using the questions below as cues.

1. どんな　へやですか。

2. へやに　X (*e.g.,* まど) が　ありますか。どんな　X ですか。

3. X の　ちかくに　なにが　ありますか。

4. X の　みぎ etc. に　どんな　ものが　ありますか。

5. へやの　中_{なか}に　Y (*e.g.,* コンピュータ) が　ありますか。どこに　ありますか。

6. 毎日_{まいにち}　なんじごろ　へやに　かえりますか。

7. へやの　中_{なか}で　よく　なにを　しますか。

_____

_____

_____

_____

_____

_____

_____

_____

_____

_____

〜く れんしゅう **Writing Practice**

Look at the chart on page 204 of your textbook and write each **kanji** ten times using the handwritten style.

山										
川										
田										
人										
上										
中										
下										
小										
日										
本										

B. Rewrite each sentence using **kanji, hiragana,** and **katakana.**

1. やまだせんせいは　にほんじんです。

_____

2. やまかわさんは　だいがくの　おおきい　きの　したで　よく　ほんを
よみます。

_____

3. たなかさんの　あぱーとは　ちいさいです。

_____

4. つくえの　うえに　おおかわさんの　にほんごの　のーとが　あります。

_____

5. ほんやの　なかの　かふぇで　こーひーを　のみました。

_____

·ボの　れんしゅう　Lab Activities

·rt 1: Vocabulary

·ase turn to the vocabulary list on pp. 166–168 of your textbook and repeat each word or
·ase you hear.

·rt 2: Speaking and Listening Comprehension Activities

·Referring to people, places, and things, using この, その, あの, どの

·ok at the drawing of a bedroom. You are sitting on the sofa and your friend is in front of the
·inet. Your friend is commenting on various objects in the room. Circle はい if the object he/
· refers to is in the correct location with respect to where you and your friend are.

You hear:　　この　へやは　きれいですね。

You circle:　はい　いいえ　　because both of you are in the room.

1. はい　いいえ　　3. はい　いいえ　　5. はい　いいえ

2. はい　いいえ　　4. はい　いいえ

Using location nouns: 中, そと, となり, よこ, ちかく, うしろ, まえ,
上, 下, みぎ, ひだり

Look at the drawing of a bedroom. Listen to each conversational exchange and circle はい if it is correct and いいえ if it is incorrect.

You hear:　　A: ドアの　よこに　なにが　ありますか。

　　　　　　B: おしいれが　あります。

You circle:　　はい　　（いいえ）　　because the closet is not next to the door.

1. はい　いいえ　　**3.** はい　いいえ　　**5.** はい　いいえ

2. はい　いいえ　　**4.** はい　いいえ　　**6.** はい　いいえ

B. Look at the drawing of the classroom. Answer each of the following questions. You will then hear the correct answer. Write each answer.

■　You hear:　こくばんは　どこに　ありますか。

　　You say:　　先生の　うしろに　あります。

　　You hear:　先生の　うしろに　あります。

　　You write: 先生の　うしろに　あります。

1. _____

2. _____

3. _____

4. _____

5. _____

6. _____

Referring to things mentioned immediately before, using noun/ adjective + の (pronoun)

ten for the adjective/noun + の in each conversational exchange. Write the expression with the ective/noun + の (pronoun). Also write what の refers to in that phrase. Stop the audio as essary.

You hear:　A:　この　えんぴつは　すずきさんの　えんぴつですか。

　　　　　　 B:　いいえ。山田さんのです。
　　　　　　　　　　　　 やまだ

You write:　<u>山田さんの</u>　and　<u>えんぴつ</u>
　　　　　　　 やまだ

Adjective/noun + の	what の refers to

Expressing distance and duration using the particles から, まで and で and the suffix 〜ぐらい／くらい

Listen to the following conversations and answer each question in writing.

You hear:　A: なんじに　大学に　きますか。

　　　　　　B: たいてい　くじに　きます。でも　今日は　はちじに　きました。
　　　　　　　　　　　　　　　　　　　　　　きょう

　　　　　　A: ああ、そうですか。

You see:　この人は　今日　なんじに　大学に　きましたか。
　　　　　　　ひと　　きょう

You write: はちじに　きました。

1. この人は　昨日　どのぐらい　テレビを　みましたか。
　　　　ひと　　きのう

_____

2. この人は　今日　じてんしゃで　大学に　きましたか。
　　　　ひと　　きょう

_____

3. テストは　なんじから　なんじまで　ありますか。

_____

4. うちから　学校まで　あるいて　どのぐらい　かかりますか。

_____

More about the topic marker は and the similarity marker も (double particles and は vs. が)

After listening to each conversational exchange, read the first statement, then write a second statement that reflects what you heard. Use は or も in your statements.

You hear:　A: 昨日（きのう）　日本語（にほんご）の　べんきょうを　しましたか。

　　　　　　B: ええ。

　　　　　　A: こんばんも　しますか。

　　　　　　B: ええ、こんばんも　しますよ。

You see:　昨日（きのう）　日本語（にほんご）の　べんきょうを　しました。_____

You write:　こんばんも　します。

この　たてものは　としょかんです。_____

しゅうまつ　テレビを　みました。_____

げつようびに　たいいくかんに　いきます。_____

うちで　ひるごはんを　たべます。_____

🔊 B. You will hear two short phrases. Combine them into a question using either は or が. You will then hear the correct question.

■   You hear: だれ　先生ですか。

   You say: だれが　先生ですか。

   You hear: だれが　先生ですか。

   You write: <u>だれが　先生ですか。</u>

1. _____

2. _____

3. _____

4. _____

5. _____

6. _____

7. _____

8. _____

rt 3: Dict-a-Conversation

ıu (Smith) are telling your friend, Ms. Kimura, about your room.

きむら： _____

スミス： _____

きむら： _____

スミス： _____

きむら： _____

スミス： _____

きむら： _____

スミス： _____

きむら： _____

スミス： _____

Chapter 6
だいろっか
Leisure Time

休みの　日
やす

Workbook Activities

~~ご~~んごの　れんしゅう　Vocabulary Practice

~~An~~swer the following questions in Japanese.

1. 毎週　せんたくを　しますか。
まいしゅう

_____

2. 毎日　メールを　かきますか。
まい

_____

3. どんな　おんがくを　よく　ききますか。

_____

4. 昨日　ともだちに　あいましたか。どこで　あいましたか。
きのう

_____

5. 昨日　でんわを　かけましたか。
きのう

_____

6. 今週は　いそがしいですか。
こんしゅう

_____

7. 日本語の　しゅくだいは　むずかしいですか。
ご

_____

8. 今　おもしろい　えいがが　ありますか。
いま

_____

Using the particles と and に

Complete the following paragraph with the appropriate **hiragana** or *x* (if nothing is appropriate).

1. 私は、明日（　　　　）ともだち（　　　　）レストラン（　　　　）
   ばんごはん（　　　）たべます。

2. 月曜日（　　　）りょうしん（　　　　）でんわ（　　　）かけました。
   １０じ（　　　）（　　　）１０じはん（　　　　）（　　　）はなしました。

3. 一昨日、あるい（　　　　）ゆうびんきょく（　　　）ぎんこう（　　　　）
   いきました。

4. としょかん（　　　　）３０ぷんぐらい（　　　　）ともだち（　　　）
   てがみ（　　　）かきました。

5. 田中さん（　　　　）今日（　　　　）ごご、ともだち（　　　）スーパー
   （　　　）かいもの（　　　）いきます。

Write your answer to each of the following questions about yourself.

1. だれに　よく　メールを　かきますか。
   _____

2. よく　ともだちと　べんきょうしますか。
   _____

3. よく　先生に　しつもんしますか。
   _____

4. よく　日本語を　はなしますか。だれと　はなしますか。
   _____

C. Combine the two sentences in each item, using purpose に.

   Example 　　カフェに　いきます。カフェで　コーヒーを　のみます。
   　　　　　　カフェに　コーヒーを　のみに　いきます。

1. とうきょうに　いきます。とうきょうで　ともだちに　あいます。

   _____

2. プールに　いきます。プールで　およぎます。

   _____

3. りょうの　へやに　かえりました。りょうの　へやで　ねました。

   _____

4. としょかんに　いきます。としょかんで　ざっしを　よみます。

   _____

5. アパートに　かえります。アパートで　ひるごはんを　たべます。

   _____

6. 週末　ルームメートと　でかけました。えいがを　みました。
　　しゅうまつ

   _____

D. Write your answer to each of the following questions, using purpose に.

■　　Example　　夏休み (summer break) に　どこに　いきましたか。そこで
　　　　　　　　なつやす
　　　　　　　　何を　しましたか。
　　　　　　　　なに
　　　　　　　　夏休みに　ニューヨークに　ともだちに　あいに　いきました。
　　　　　　　　なつやす

1. 夏休みに　どこに　いきましたか。そこで　何を　しましたか。
　　なつやす　　　　　　　　　　　　　　　　　　なに

   _____

2. 冬休み (winter break) に　どこに　いきますか。そこで　何を　しますか。
　　ふゆやす　　　　　　　　　　　　　　　　　　　　　　　　　なに

   _____

3. 週末　どこに　よく　いきますか。そこで　何を　しますか。
　　しゅうまつ　　　　　　　　　　　　　　　　　なに

   _____

4. よく　学生会館に　いきますか。そこで　何を　しますか。
　　　　かいかん　　　　　　　　　　　　　なに

   _____

Commenting about the past, using polite past adjectives and the copula verb です

Complete each of the following chart.

ictionary Form	Polite Past Tense Affirmative	Polite Past Tense Negative
きい	大きかったです	大きくありませんでした 大きくなかったです
変 へん		
のしい		
丈夫 じょうぶ		
ずかしい		
い		
ま		
もしろい		
れい		
本人		

B. Complete each of the following sentences by filling in the parentheses with the correct adjective forms. You also need to supply the appropriate word or phrase for each blank.

■ Example　A: 先週の　土曜日の　パーティに　<u>いきましたか</u>。
　　　　　　　　せんしゅう　どようび

　　　　　　　B: ええ、いきましたよ。とても　（にぎやかでした）。
　　　　　　　　　　　　　　　　　　　　　　　にぎやか

1. A: 一昨日の　テストは（　　　　　　　　　　　　　　　）か。
　　　おととい
　　　　　　　　　　　　　　　　　　　　　　むずかしい

　 B:　いいえ、あまり（　　　　　　　　　　　　　　　）。

2. A: 昨日　日本語の　しゅくだいを ＿＿＿＿＿＿＿＿＿＿か。
　　　きのう　　ご
　 B:　ええ、＿＿＿＿＿＿＿＿＿＿。
　 A:　（　　　　　　　　　　　　　　）か。
　　　　　　　　大変
　　　　　　　　たいへん
　 B:　いいえ、あまり（　　　　　　　　　　　　　　）。

3. A:　昨日は（　　　　　　　　　　　　　　）か。
　　　きのう
　　　　　　　　　　　　　　いそがしい

　 B:　ええ、とても（　　　　　　　　　　　　　）よ。たくさん (a lot)
　 しごとを＿＿＿＿＿＿＿＿＿＿。

4. A:　先週の　金曜日に　何を ＿＿＿＿＿＿＿＿＿＿＿か。
　　　せんしゅう　きんようび　なに
　 B:　大学で　日本の　えいがを ＿＿＿＿＿＿＿＿＿＿＿。
　 A:　そうですか。えいがは＿＿＿＿＿＿＿＿＿＿か。
　 B:　とても（　　　　　　　　　　　　　　）。
　　　　　　　　　　　　いい

5. A:　週末は ＿＿＿＿＿＿＿＿＿＿＿か。
　　　しゅうまつ
　 B:　ともだちと　しぶやに　いきました。（　　　　　　　　　　　　）。
　　　　　　　　　　　　　　　　　　　　　　たのしい

　 A:　いいですね。しぶやに＿＿＿＿＿＿＿＿＿＿いきましたか。

　 B:　ばんごはんを　たべに　いきました。レストランは　とても
　 （　　　　　　　　　　　　　　　）よ。
　　　　　いい

. Connecting verb and adjective phrases and sentences using the て-form of verbs; making requests using the て-form

Complete the chart, following the example.

erb	Verb class	て-form
たべます	る	たべて
べんきょうします		
はなします		
ぬます		
のみます		
もちます		
きます		
きます		
いきます		
かけます		
でかけます		
およぎます		
います		
いいます		
いきます		
あそびます		

B. Write three requests that you would address to your instructor.

■   Example   <u>かんじを　かいて下さいませんか。</u>

1. _____

2. _____

3. _____

C. Write three requests that you would address to your friend or roommate.

■   Example   <u>メールを　かいてくれませんか。</u>

1. _____

2. _____

3. _____

Connecting phrases, using the て-forms of verbs and adjectives

The pictures below show what Mr. Tanaka did yesterday. Write sentences describing sequences of actions, using the て-form of verbs.

00 a.m.

Example <u>ごぜん　はちじに　おきて、ジョギングを　しました。</u>

9:00 a.m.

_____

11:30 a.m.

_____

12:00 p.m.

_____

4:00 p.m.

_____

5.

About 30 minutes

_____

6.

11:30 p.m.

_____

B. Complete the following sentences describing two or more things you do/did using the
   て-forms of verbs.

■ Example　今日 _{きょう}　<u>コーヒーを　のんで、　大学に　いきました</u>。

1. 今日の _{きょう}　あさ_____。

2. 今晩 _{こんばん}_____。

3. 昨日の _{きのう}　ばん_____。

4. 毎日 _{まいにち}_____。

Complete the following chart.

olite Affirmative Form	Type	て- form
うれしいです	い – Adj.	うれしくて
げんきです		
もしろいです		
にぎやかです		
いです		
れいです		
んねんです		
いそがしいです		
ごとです		

Describe the things listed below in full sentences using the て-form of adjectives.

Example <u>私の　まちは　大きくて、　にぎやかです。</u>
わたし

1. 日本語の　じゅぎょう
ご

_____

2. 私の　ともだち
わたし

_____

3. 昨日の　えいが
きのう

_____

4. 先週の　週末
せんしゅう　しゅうまつ

_____

Extending an invitation using ませんか

Complete the following invitations by filling in the correct particle in parentheses and the correct phrase for each blank.

1. レストラン（　　）　すし（　　）　_____。

2. こうえん（　　）　さんぽ（　　）　_____。

3. 明日　いっしょ（　　）　プール（　　）　_____。
　あした

4. 金曜日（　　）日本（　　）アニメ（　　）　_____。
　きんようび

5. 今晩　カフェ（　　）　コーヒー（　　）　のみ（　　）_____。
　こんばん

Complete the following conversations by writing the appropriate phrases in the blanks.

1. A: 今度の　休みは　いそがしいですか。
　　　こんど　　　やす

　　B: いいえ、_____。

　　A: そうですか。じゃあ、デパートに　かいもの _____ 。

　　B: ええ、_____。

2. A: 今晩　学生会館で　日本語_____ 。
　　　こんばん　　かいかん　　　　ご

　　B: 今晩ですか。すみません、今晩は ちょっと _____。
　　　こんばん　　　　　　　　こんばん

　　A: そうですか、ざんねんですね。

うごうれんしゅう **Integration**

s. Ueda and Mr. Li met on campus on Monday. Complete their conversation by filling in the blanks.

田： あ、リーさん、おはようございます。

ー： おはようございます。上田さん、週末_{しゅうまつ} _____。

田： とても　いそがしかったですよ。たくさん (*a lot*)　しゅくだいが

_____、大変_{たいへん}でした。リーさんは？

ー： 私_{わたし}は　とても　たのしかったです。ともだちと　えいが _____、

レストランに　ばんごはん _____。

田： そうですか。どの　レストランに _____。

ー： 日本りょうり (*cuisine*) の　レストランに _____ よ。なまえは

ななくさです。すしと　てんぷら _____、日本の　ビール (*beer*)

_____。

田： その　レストランは _____。

ー： デパートの　ちかくに _____。あたらし _____、

きれい _____ レストランですよ。

田： そうですか、いいですね。

ー： 上田さん、今度_{こんど}　いっしょに　ななくさに _____。

田： ええ、ぜひ。

ー： 今度の_{こんど}　土曜日は_{どようび}　いそがしいですか。

田： いいえ、_____。

ー： じゃあ、土曜日の_{どようび}　ごご　でんわを　して _____ か。

田： わかりました。じゃあ、でんわを　かけますね。

く　れんしゅう **Writing Practice**

Look at the chart on pp. 243-244 of your textbook and write each **kanji** ten times using the handwritten style.

今										
私										
月										
火										
水										
木										
金										
土										
曜										
何										
週										
末										
休										

B. Rewrite each sentence using **kanji**, **hiragana**, and **katakana**.

1. こんしゅうの　しゅうまつは　なにを　しますか。

_____

2. わたしの　にほんごの　じゅぎょうは　げつようびと　すいようびと
きんようびに　あります。

_____

3. せんしゅうは　かようびに　あるばいとを　して、　どようびに　てにす
しました。

_____

4. やまださんは　おおかわさんと　やすみのひに　こうえんの　きの
したで　ぴくにっくを　しました。

_____

5. なんようびに　がっこうに　いきますか。

_____

ㄅボの　れんしゅう **Lab Activities**

rt 1: Vocabulary

ase turn to the vocabulary list on pp. 210-212 of your textbook and repeat each word or rase you hear.

rt 2: Speaking and Listening Comprehension Activities

Using the particles と and に

Listen to each of the following incomplete sentences and say a complete sentence, using the correct particle. You will then hear the correct sentence.

You hear:	先生 / メール / かきます
You say:	先生に　メールを　かきます。
You hear:	先生に　メールを　かきます。
You repeat:	先生に　メールを　かきます。

🔊 B. Listen to the following conversations and answer each question in writing.

■ You hear:　A:　昨日（きのう）　おもしろい　えいがを　みましたよ。

　　　　　　　B:　そうですか。だれと　みましたか。

　　　　　　　A:　キムさんと　みました。

　　　　　　　B:　ああ、そうですか。

　You see:　この人は　だれと　えいがを　みましたか。

　　　　　　_____みました。

　You write:　<u>キムさんと</u>　みました。

1. この人は　だれに　よく　てがみを　かきますか。

　　_____　かきます。

2. この人は　昨日（きのう）　だれと　レストランに　いきましたか。

　　_____　いきました。

3. この人は　何曜日（なんようび）に　たいいくかんに　いきますか。

　　_____　いきます。

🔊 C. Listen to each of the following conversations and write, in English, each destination and purpose. Stop the audio as necessary.

■ You hear:　A:　スミスさん、おでかけですか。

　　　　　　　B:　ええ、ちょっと　えきの　まえの　デパートまで。

　　　　　　　A:　おかいものですか。

　　　　　　　B:　ええ、そうです。

　Your write:　　Destination: <u>department store</u>　　Purpose: <u>to go shopping</u>

　　Destination　　　　　　Purpose
1. _____　　_____

2. _____　　_____

3. _____　　_____

4. _____　　_____

Commenting about the past, using polite past adjectives and the copula verb です

Listen to each of the following questions and cues. Answer each question, using the cues. You will then hear the correct answer.

You hear:	えいがは　どうでしたか。/ あまり / おもしろい
You say:	あまり　おもしろくありませんでした。
You hear:	あまり　おもしろくありませんでした。
You repeat:	あまり　おもしろくありませんでした。

Listen to the following conversations. After each conversation, stop the audio and fill in the blank with the appropriate past adjective to complete each statement about the conversation.

You hear:　A: 昨日（きのう）　べんきょうしましたか。

　　　　　　B: いいえ、　ぜんぜん　しませんでしたよ。山田さんは？

　　　　　　A: ぼくは　しましたよ。日本語（ご）の　しゅくだいは　大変（たいへん）でしたからね。

You see:　日本語（ご）の　しゅくだいは _____

You write:　日本語（ご）の　しゅくだいは　大変（たいへん）でした。

1. テストは _____

2. えいがは _____

3. へやは _____

4. シカゴの　ダウンタウンは_____

. Connecting verb and adjective phrases and sentences using the て-form of verbs; making requests using the て-form

You will hear the 〜ます form of twelve verbs. Change each verb to its て-form and add 下さい. You will then hear the correct response. Repeat each response.

You hear: みます。

You say: みて下さい。

You hear: みて下さい。

You will now hear the 〜ます form of twelve more verbs. Change each verb to its て-form and くれませんか. You will then hear the correct response. Repeat each response.

You hear: みます。

You say: みてくれませんか。

You hear: みてくれませんか。

Listen to each of the following conversations. After each conversation, look at the statement and choose the correct answer.

You hear: A: キムさん、日本語で　はなして下さい。

                 B: はい、どうもすみません

You see and choose: Mr. Kim was asked: (to speak in Japanese)   to write in Japanese

Mr. Kim was asked: to look at the textbook   to read the textbook

Mr. Kim was asked: to come to the teacher   to listen to the teacher

Mr. Kim was asked: to come to the teacher   to listen to the teacher

Connecting phrases, using the て-forms of verbs and adjectives

Listen to each of the following pairs of short sentences. Say a statement that combines them, using the て-form of the first verb. You will then hear the correct statement. Repeat and then write each statement.

You hear: としょかんに　いきます。/ べんきょうします。

You say: としょかんに　いって、　べんきょうします。

You hear: としょかんに　いって、　べんきょうします。

You repeat and write: としょかんに　いって、　べんきょうします。

1. _____

2. _____

3. _____

4. _____

5. _____

Listen to each of the following pairs of short sentences. Say a statement that combines them, using the て-form of adjectives/copula verb. You will then hear the correct statement. Repeat and then write each statement.

You hear: 大きいです。/ きれいです。

You say: 大きくて、　きれいです。

You hear: 大きくて、　きれいです。

You repeat and write: 大きくて、　きれいです。

1. _____

2. _____

3. _____

4. _____

5. _____

Extending an invitation using ませんか

Listen to each of the following dialogues. After each dialogue, write the activity mentioned in the dialogue. If the person accepts the invitation, circle はい; if the person refuses, circle いいえ.

You hear:　A:　明日(あした)　えいがを　みに　いきませんか。

　　　　　　B:　ええ、ぜひ。

You write:　えいがを　みに　いきます。　and circle はい

1. _____　　はい　　　　いいえ

2. _____　　はい　　　　いいえ

3. _____　　はい　　　　いいえ

4. _____　　はい　　　　いいえ

Listen to each of the following conversations. After each conversation, write a sentence paraphrasing it. Make sure you include the destination and purpose using 〜に.

You hear:　A:　山田さん、週末(しゅうまつ)に　えいがを　みませんか。

　　　　　　B:　いいですね。どんな　えいがですか。

　　　　　　A:　みやざきの　えいがです。

　　　　　　B:　ええ、ぜひ　いきます。私(わたし)は　みやざきの　ファン (fan) ですから。どこで　ありますか。

　　　　　　A:　ええと、あっ、ぎんざですよ。

You see:　　この人は　_____

You write:　この人は　ぎんざに　（みやざきの）えいがを　みに　いきます。

1. この人は　_____

2. この人は　_____

3. この人は　_____

4. この人は　_____

rt 3: Dict-a-Conversation

u (Smith) are talking with your classmate, Ms. Kimura, who has a part-time job. You are
king questions.

スミス： _____

きむら： _____

スミス： _____

きむら： _____

スミス： _____

きむら： _____

スミス： _____

きむら： _____

スミス： _____

きむら： _____

Chapter 7
だいななか
Favorite Things and Activities
好きなものと　好きなこと
すき　　　　　　　　　　すき

Workbook Activities

語の　れんしゅう　**Vocabulary Practice**
ご

answer the following questions in Japanese.

1. よく　やさいを　たべますか。どんな　やさいをたべますか。

_____

2. 学食に　どんなのみものが　ありますか。
しょく

_____

3. 昨日　くだものを　たべましたか。何を　たべましたか。おいしかった
きのう
です か。

_____

4. きっさてんのコーヒーは　高いですか。こうちゃは　どうですか。
たか

_____

5. どんなスポーツを　よく　しますか。

_____

6. 休みに　りょこうに　いきましたか。
やす

_____

Expressing likes or dislikes using 好<small>す</small>き or きらい and the particle や

Write the appropriate particle or word in each of the following blanks, using the information in the chart. A smiling face indicates something the person likes (好<small>す</small>きです). A neutral face indicates the person's indifference (あまり 好<small>す</small>きじゃありません). A frowning face indicates the person's dislike (好<small>す</small>きじゃありません).

1. 山田さんは _____ と _____ 好<small>す</small>きです。

   でも、_____ は あまり _____ ありません。

2. ブラウンさんは バナナ _____。

   でも、りんごは _____。

3. ジョンソンさんは _____ や _____ 好<small>す</small>きです。

   でも、_____。

4. 山田さん _____ くだものは バナナです。

   ブラウンさん _____ も バナナです。

5. _____ さんは トマトや りんごが 好<small>す</small>きです。

   でも、にんじんは あまり _____。

B. Complete the following sentences, using や.

■ Example 毎日(まい) __にくや　やさいを__　たべます。

1. スーパーに _____ あります。

2. 毎晩(まいばん) _____ のみます。

3. 高校(こう)の時(とき) (*when*)　よく _____ ききました。

4. 今学期(こんがっき) (*this semester*) _____ の
じゅぎょうが　あります。

Forming noun phrases using の and plain present affirmative verbs (dictionary form)

Complete the following chart. First identify whether the verb is irregular, a る-verb, or an う-verb. Then change the verb from the 〜ます form to the dictionary form.

〜ます form	Verb class	Dictionary form
みます	う	よむ
たいます		
べます		
くります		
きます		
ます		
きます		
えります		
けます		
かります		
よぎます		
ます		
ります		
そびます		
ます		
ます		
います		
ちます		

B. Rewrite each sentence using の to turn the verb form into a noun phrase with 好きです.

■ Example　私は　テレビを　よく　みます。

　　　　　　<u>私は　テレビを　みるのが　好きです。</u>

1. 大川さんは　しゃしんを　よく　とります。

　　_____

2. ジョンソンさんは　よく　友達と　テニスを　します。

　　_____

3. ホワイトさんは　りょうのへやで　クラシックを　よく　ききます。

　　_____

4. グリーンさんは　よく　そとで　えを　かきます。

　　_____

5. 中山さんは　よく　カラオケに　いって、　日本のうたを　うたいます。

　　_____

C. Complete each of the following sentences by filling in the blanks with a dictionary form verb + の.

■ Example　<u>日本語を　はなすの</u>　は　むずかしいです。

1. _____　は　おもしろいです。

2. _____　は　やさしいです。

3. _____　は　大変です。

4. _____　は　たのしいです。

Making contrasts using the particle は, and expressing *but* using が

Complete each of the following conversations by filling in the parentheses with the correct particle(s) and the underline with the appropriate verb/adjective. You need to insert one or two particles in each set of parentheses.

Example　A: ニューヨークは　大きいですね。

　　　　　B: ええ。

　　　　　A: パリ (*Paris*) （　も　） 大きいですか。

　　　　　B: いいえ、パリ　（　は　）<u>あまり　大きくありません。</u>

1. A: 昨日は　いそがしかったですね。
   きのう

   B: ええ。でも　今日 （　　　　） あまり _____ ね。

   A: そうですね。

2. A: 日本りょうり (*cuisine*) は　好きですか。
   　　　　　　　　　　　　　　す

   B: そうですね。てんぷら (*tempura*) （　　） あまり _____
   _____ が、すし (*sushi*) （　　） 好きですね。
   　　　　　　　　　　　　　　　　　　す

   A: そうですか。

3. A: ブラウンさん、よく　としょかんに　いきますね。

   B: ええ、今日 （　　） いきますよ。でも、明日 （　　） アルバイトが
   　　　　　　　　　　　　　　　　　　　　　　あした
   あって、いけません (*cannot go*)。

   A: そうですか。

4. A: 毎日　大学に　何で　きますか。
   まい

   B: たいてい　あるいて　きますが、時々　じてんしゃ （　　） きますよ。
   　　　　　　　　　　　　　　　　ときどき

   A: バス （　　　　　　） _____ か。

   B: いいえ、バス （　　　　　　　） _____ 。

5. A: ディズニーランドは　カリフォルニアに　ありますね。

   B: ええ、でも、とうきょう （　　　　　） _____ よ。

   A: そうですか。大阪 （　　　　　　） _____ か。
   　　　　　　　　　おおさか

   B: いいえ、大阪 （　　　　　） _____ 。
   　　　　　　　おおさか

6. A: 今日　じゅぎょうが　ありますか。

B: はい、１０時半（じはん）に　あります。

A: １１時半（じはん）（　　　　　　）＿＿＿＿＿＿＿＿か。

B: いいえ、１１時半（じはん）（　　　　　　）＿＿＿＿＿＿＿。

B. Write your answer to each of the following questions, using が (*but*) and は (contrast).

■ Example　どんな　スポーツが　好（す）きですか。

<u>やきゅうは　好（す）きですが、フットボールは　あまり</u>
<u>好（す）きじゃありません。</u>

1. どんなたべものが　好（す）きですか。

＿＿＿＿＿＿＿＿＿＿＿＿＿＿＿＿＿＿＿＿＿＿＿＿＿＿＿＿

2. どんなおんがくが　好（す）きですか。

＿＿＿＿＿＿＿＿＿＿＿＿＿＿＿＿＿＿＿＿＿＿＿＿＿＿＿＿

3. 高校（こう）の時（とき）(*when*)　どんなスポーツが　好（す）きでしたか。

＿＿＿＿＿＿＿＿＿＿＿＿＿＿＿＿＿＿＿＿＿＿＿＿＿＿＿＿

Look at the following chart and describe each person's preferences, using が and は.

Example <u>山田さんは　ゲームを　するのは／が　好きですが、スポーツを</u>
_す
<u>するのは　好きじゃありません。</u>
_す

	😀	😣
山田	ゲームを　します	スポーツを　します
1. 田中	しずかな　おんがくを　ききます	うたを　うたいます
2. 大川	古い　えいがを　みます _{ふる}	新しい　えいがを　みます _{あたら}
3. 上田	りょこうに　いきます	うちに　います
4. 川上 _{かわかみ}	レストランで　しょくじします	りょうりを　つくります
5. 中山	パーティに　いきます	パーティを　します

1. _____

2. _____

3. _____

4. _____

5. _____

Making comparisons using 一番 and 〜（の）方が〜より , and
〜も〜も　 and expressing lack of preference

Write the correct question for each of the following answers. Use 一番 and the appropriate adjective.

Example　ミシシッピ川 (*Mississippi River*)

アメリカで　一番大きい川は　どの川ですか。

ことばの　リスト

せかい　　world

しゅう　　state

1. エベレスト (*Mt. Everest*)

_____

2. とうきょう

_____

3. ロードアイランド (*Rhode Island*) しゅう

_____

4. ハーバード (*Harvard*) 大学

_____

5. 富士山 (*Mt. Fuji*)

_____

B. Write your answer to each of the following questions, using 一番.
   いちばん

■ Example　スポーツの中で　何を　一番　よく　しますか。
　　　　　　　　　　　　　　　いちばん

　　　　テニスを　一番　よく　します。
　　　　　　　　いちばん

1. どのレストランに　一番　よく　いきますか。
　　　　　　　　　　いちばん

_____

2. スポーツの中で　何を　みるのが　一番　好きですか。
　　　　　　　　　　　　　　　　いちばん　す

_____

3. えいがの中で　一番　好きな　えいがは　何ですか。
　　　　　　　いちばん　す

_____

4. たべものの中で　何が　一番　おいしいですか。
　　　　　　　　　　　いちばん

_____

5. キャンパスの中で　一番　古いたてものは　どのたてものですか。
　　　　　　　　　　いちばん　ふる

_____

For each of the following sets of items, write a question and an answer comparing the two items, using the adjective in parentheses.

Example　ロサンゼルス／サンフランシスコ　（大きい）

    A: <u>ロサンゼルスと　サンフランシスコと　どちらの方が　大きい</u>

　　　<u>ですか。</u>

    B: <u>ロサンゼルスの方が　サンフランシスコより　大きいです。</u>

1. ニューヨーク／ロンドン（古い）

    A: _____

    B: _____

2. 大学生／大学院生（いそがしい）

    A: _____

    B: _____

3. カタカナ／かんじ（やさしい）

    A: _____

    B: _____

4. りょうりを　つくります／せんたくを　します（大変）

    A: _____

      _____

    B: _____

D. For each of the following sets of items, write a sentence comparing the two items, supplying an adjective of your own.

■ Example　ペプシ／コカコーラ
　　　　　　<u>ペプシの方が　コカコーラより　おいしいです。</u>
　　　　　　　　　ほう

1. 日本のくるま ／アメリカのくるま

　　_____

2. バーガーキング／マクドナルド

　　_____

3. やきゅうを　します／やきゅうを　みます

　　_____

4. 休みの日に　うちに　います／でかけます

　　_____

Giving reasons using the plain form + ので

Complete the following charts by supplying the appropriate form of each adjective, copula verb, and verb.

djectives/ opula verb	Class	Affirmative + ので	Negative + ので
きい	い	大きいので	大きくないので
ずか			
ろい			
い			
れい			
そがしい			
んき			
い			
ま			
学生			

rb 〜ます form	Class	Affirmative + ので	Negative + ので
きます	う	いくので	いかないので
よぎます			
きます			
たいます			
んきょうします			
かけます			
ます			
きます			
ます			
いります			

B. Write a statement that combines the two sentences in the items below, using 〜ので. You must decide which of the two sentences should come first.

■ Example　今日は　べんきょうします。明日　テストが　あります。
　　　　　　　　　　あした

　　　　　　　　明日　テストが　あるので、今日は　べんきょうしま
　　　　　　　あした

1. しゅくだいが　毎日　あります。大変です。
　　　　　　　　まい　　　　　　　へん

_____

2. ごはんを　つくります。友達が　うちに　きます。
　　　　　　　　　　ともだち

_____

3. おさけを　ぜんぜん　のみません。いざかや (*Japanese-style drinking place*)
に　いきません。

_____

4. 今日は　いそがしいです。コンビニで　アルバイトをします。

_____

5. うちで　ゆっくりします。週末は　いそがしくありません。

_____

6. ジョギングを　するのが　好きです。よく　こうえんに　いきます。
　　　　　　　　　　　　　す

_____

7. りょうしんと　でんわで　はなしません。さびしいです。

_____

Write your answer to each of the following questions, using 〜ので.

Example　どのスーパーに　よく　いきますか。
　　　　<u>うちのちかくに　あるので、ウォルマートに　よく　いきます。</u>

1. どのスーパーに　よく　いきますか。

_____

2. どこで　よく　ひるごはんを　たべますか。

_____

3. どんな　新聞／ざっしを　よく　よみますか。
　　　　しんぶん

_____

4. どこで　よく　日本語を　べんきょうしますか。
　　　　　　　　　　　ご

_____

·うごうれんしゅう Integration

Complete the following dialogue.

　　高山：ブラウンさんの　しゅみ _____。

ブラウン：そうですね。ぼくは　おんがくを _____
　　　　　好きですね。

　　高山：どんな _____。

ブラウン：ジャズが　一番　好きです。高山さんは？
　　　　　　　 いち

　　高山：そうですね。私も _____ よ。

ブラウン：そうですか。今週の週末　ワシントンホールで　とても　いい
　　　　　ジャズのコンサートが _____ よ。よかったら
　　　　　(if you like) いっしょに _____。

　　高山：あ、それは　いいですね。ぜひ。

B. Write a short essay about your best friend (私の一番　いい友達). Use your answers to t
following questions as a guide.

1. 一番　いい友達は　だれですか。

2. その人は　何をするのが　好きですか。きらいですか。

3. その人は　学生ですか。今　どこに　いますか。

4. その人は　週末に　よく　何を　しますか。

Try to use the following grammar structures as often as possible.

☐ Verb て-form
☐ Adjective て-form
☐ Place に　〜に　いきます(purpose)
☐ Comparisons:
　　☐ 〜の方が　〜より
　　☐ 〜の中で　〜が　一番〜
　　☐ 〜も　〜も
☐ Double particles では、でも、とは、etc.
☐ 〜ので、〜
☐ 〜が、〜
☐ Conjunctions そして、でも、それから、たとえば

_____

_____

_____

_____

_____

_____

_____

く　れんしゅう **Writing Practice**

Look at the chart on pp. 289–290 of your textbook and write each **kanji** ten times using the handwritten style.

寺
間
分
半
毎
年
子
語
高
番
方
所
古
安
友

B. Rewrite each sentence using **kanji, hiragana,** and **katakana** as appropriate.

1. たかださんは　まいにち　ともだちと　２じかんぐらい
べんきょうします。

_____

2. A: すみませんが、いま　なんじですか。

B: ３じはんです。

A: _____

B: _____

3. わたしのいちばん　すきな　れすとらんは、　あたらしいですが
たかいです。

_____

4. あのあぱーとは、ちょっと　ふるいので　やすいです。

_____

5. １ねんせいのにほんごのじゅぎょうは、あさ　９じ３５ふんから
あります。

_____

6. わたしは　ばすけっとぼーるのほうが　ふっとぼーるより　すきです。

_____

ボの　れんしゅう Lab Activities

rt 1: Vocabulary

ase turn to the vocabulary list on pp. 250–252 of your textbook and repeat each word or
ase you hear.

rt 2: Speaking and Listening Comprehension Activities

Expressing likes or dislikes using 好き or きらい and the particle や

Listen to each of the following statements. After each one, write what the person likes next to
the smiling face and what the person dislikes next to the frowning face. Stop the audio as
necessary.

You hear: 私は　テニスや　スキーが　好きです。でも、ゴルフは　好きじゃ
ありません。

You write: テニス and スキー next to the smiling face, and ゴルフ next to the frowning
face.

 テニス　スキー　　ゴルフ

1. _____ _____

2. _____ _____

3. _____ _____

4. _____ _____

5. _____ _____

B. Ueda and Li are talking in a restaurant. Listen to their conversation. After the conversation, look at each of the following statements. If a statement is true, circle はい; if it is false, circl いいえ.

■ You hear:　リー：上田さんは　トマトを　たべますか。

　　　　　　上田：ええ、私は　やさいが　大好きなんです。
　　　　　　　　　　　　　　　　　　だい す

You see:　上田さんは　やさいが　好きです。
　　　　　　　　　　　　　　　　　す

You circle :　はい　because it is true.

（はい）　いいえ　上田さんは　やさいが　好きです。
　　　　　　　　　　　　　　　　　　　　　　す

1. はい　　いいえ　　　上田さんは　コーヒーが　好きです。
　　　　　　　　　　　　　　　　　　　　　　　　　す

2. はい　　いいえ　　　リーさんも　コーヒーが　好きです。
　　　　　　　　　　　　　　　　　　　　　　　　　す

3. はい　　いいえ　　　上田さんと　リーさんは　テニスが　好きです。
　　　　　　　　　　　　　　　　　　　　　　　　　　　　　す

4. はい　　いいえ　　　上田さんは　スキーが　あまり　好きじゃありません
　　　　　　　　　　　　　　　　　　　　　　　　　　　　す

5. はい　　いいえ　　　リーさんは　スキーが　好きです。
　　　　　　　　　　　　　　　　　　　　　　　　す

6. はい　　いいえ　　　リーさんは　ゴルフは　あまり　好きじゃありません
　　　　　　　　　　　　　　　　　　　　　　　　　　　す

C. Listen to each of the following dialogues with information about activities of the second speaker. Fill in the blank with either と or や, whichever is appropriate. Make your choice solely on the basis of the information given in the dialogues.

■　You hear:　A: どんな　ざっしを　よく　よみますか。

　　　　　　B: タイム (*Time*)を　よみます。　ニューズウィーク (*Newsweek*)も　よみま

　　　　　　A: ワールドニュース (*World News*) も　よく　よみますか。

　　　　　　B: いいえ、ワールドニュースは　よみません。

You see:　Bさんは　タイム（　　　）ニューズウィークを　よみます。

You write:　Bさんは　タイム（ と ）ニューズウィークを　よみます。

1. スミスさんは　りょうしん（　　　　）日本の友達に　よくメールを　かきます
　　　　　　　　　　　　　　　　　　　　　　　　ともだち

2. 田中さんは　コンサート（　　　　）えいがに　よく　いきます。

3. 山田さんは　学食（　　　　）きっさてんで　よく　ひるごはんを　たべます
　　　　　　　　しょく

4. リーさんは　としょかん（　　　　）学生会館で　よく　べんきょうします。
　　　　　　　　　　　　　　　　　　　　かいかん

Forming noun phrases using の and the plain present affirmative form of verbs (dictionary form)

Listen to each of the following verbs and say it in the plain present form. You will then hear the correct plain present verb. Write the verb.

You hear: あります

You say: ある

You hear: ある

You write: <u>ある</u>

1._____   6._____   11._____

2._____   7._____   12._____

3._____   8._____   13._____

4._____   9._____   14._____

5._____   10._____   15._____

Listen to the following dialogues. After each dialogue, complete the statement by indicating the correct choice. Stop the audio as necessary.

You hear: A: いとうさんの　しゅみは　何ですか。

B: そうですね。私は　本を　よむのが　好きですね。

You see: Ito-san likes　a. cooking　b. bowling　c. reading　d. drinking

You write: <u>c</u> because Ito-san's hobby is reading.

1. Smith-san likes _____ on weekends.
   a. playing basketball   b. swimming   c. walking   d. running
2. Kimura-san likes _____ in the park.
   a. taking pictures   b. taking a walk   c. reading books   d. having lunch
3. Tanaka-san likes _____.
   a. playing baseball   b. watching movies   c. making movies   d. watching baseball
4. Brown-san dislikes _____.
   a. drawing   b. traveling   c. talking   d. cooking
5. Ishida-san dislikes _____.
   a. going to movies   b. staying at home   c. exercising   d. going to concerts

Making contrasts using the particle は , and expressing *but* using が

Listen to the following conversations and complete each statement in writing. Stop the audio as necessary.

You hear: A: 昨日（きのう）　しごとを　しましたか。

           B: ええ。

           A: 明日（あした）も　しますか。

           B: いいえ、明日（あした）は　しません。

You see: 昨日（きのう）　しごとを　しましたが、_____。

You write: 昨日（きのう）　しごとを　しましたが、<u>明日（あした）は　しません。</u>

1. 昨日（きのう）　新聞（しんぶん）を　よみましたが、_____。

2. 土曜日と　日曜日に　うんどうを　しますが、_____。

3. うちで　ひるごはんを　たべますが、_____。

4. としょかんは　新（あたら）しい　たてものですが、_____。

Listen to the following short conversations. After each conversation, fill in the blank to complete each statement, using が.

You hear: A: 今から　何を　しますか。

           B: えいがを　みに　いくんです。

           A: しゅくだいは　しましたか？

           B: いいえ、まだ　日本語（ご）のしゅくだいが　あります。

You write: <u>日本語（ご）のしゅくだいが　ありますが</u>、えいがを　みにいきます。

1. _____ 、いぬは　いません。

2. _____ 、するのは　あまり　好（す）きじゃありません。

3. _____ 、このへやは　あまり　きれいじゃありません。

4. _____ 、今晩（ばん）　パーティに　いきます。

Making comparisons using 一番 and 〜（の）方が〜より, and 〜も〜も and expressing lack of preference

Listen to each of the following questions. Choose the correct answer from the chart and write it on the line. Stop the audio as necessary.

You hear:　アメリカで　一番　大きい　しゅうは　どこですか。

You write:　<u>アラスカです。</u>

ことばのリスト

せかい　　world

しゅう　　state

	エベレスト (Mt. Everest)	富士山 (Mt. Fuji)	マッキンリー (Mt. McKinley)	
に	バチカン	かんこく	スイス	フランス
ゅう	アラスカ	ハワイ	ニューヨーク	カリフォルニア
ち	ニューヨーク	シカゴ	ロサンゼルス	

1. _____   4. _____

2. _____   5. _____

3. _____

Listen to the following questions and write your answer to each. Stop the audio as necessary.

You hear:　たべものの中で　何が　一番　好きですか。

You write:　<u>さかなが　一番　好きです。</u>

1. _____

2. _____

3. _____

4. _____

5. _____

6. _____

◀)) C. Circle the item(s) to which the comparative adjective applies and write the adjective in Englis
You may need to circle both.

■ You hear: A: サンフランシスコと　ロサンゼルスと　どちらの方が　大きいですか
_{ほう}

B: ロサンゼルスの方が　大きいです。
_{ほう}

You circle: ロサンゼルス

You write: big

サンフランシスコ　　　(ロサンゼルス)　　　 big

1. やきゅう　　　　　　フットボール　　　　_____

2. ビール　　　　　　　ワイン　　　　　　　_____

3. 日本語　　　　　　　スペイン語　　　　　_____
_ご　　　　　　　　　　　　　_ご

4. ブラウンさんのへや　　ホワイトさんのへや　_____

5. そとで　しょくじします　りょうりを　つくります_____

6. カラオケに　いきます　おんがくを　ききます_____

◀)) D. Listen to the two comparative statements. After listening, stop the audio and write the name
of each country, state, or city from largest to smallest.

■ You see:　イギリス／ドイツ／イタリア

You hear:　ドイツの方が　イタリアより　大きいです。
_{ほう}

そして、イギリスの方が　イタリアより　小さいです。
_{ほう}

You write:　ドイツ　イタリア　イギリス

1. イタリア　　　　　　フランス　　　　　　　日本

_____　　_____　　_____

2. インディアナ　　　　アイオワ　　　　　　　ニュージャージー

_____　　_____　　_____

3. とうきょう　　　　　パリ　　　　　　　　　ロンドン

_____　　_____　　_____

4. ニューヨーク　　　　シカゴ　　　　　　　　ロサンゼルス

_____　　_____　　_____

5. きょうと　　　　　　大阪　　　　　　　　　とうきょう
　　　　　　　　　　　_{おおさか}

_____　　_____　　_____

Giving reasons using the plain form + ので

Listen to the following short conversations. After each conversation, fill in the blank with the appropriate reason-giving sentence, using 〜ので.

You hear:　A: 今日の　あさ　何時ごろ　おきましたか。

　　　　　　B: ６時に　おきました。

　　　　　　A: はやいですね。

　　　　　　B: ええ、毎朝　ジョギングを　しますから、あさは　６時ごろ
　　　　　　　　おきます。

You write: 毎朝　ジョギングを　するので、６時に　おきます。

1. _____ 今晩　ごはんを　たべに
いきません。

2. _____ あまり　好きじゃありません。

3. _____ 今日は　大変です。

4. _____ あさ　うちで　ゆっくりします。

5. _____ 今晩　りょうしんに　でんわを
かけません。

6. _____ 昨日　そうじしました。

7. _____ 田中さんのへやには　たくさん
CD が　あります。

rt 3: Dict-a-Conversation

u (Smith) are at a party. You meet a Japanese student named Sugiyama. After introducing
urself you start talking to him about his hobbies.

スミス：_____

杉山：_____
すぎやま

スミス：_____

杉山：_____
すぎやま

スミス：_____

杉山：_____
すぎやま

スミス：_____

杉山：_____
すぎやま

Chapter 8
だい八か
<small>はち</small>
Shopping
買い物
<small>か　　　もの</small>

Workbook Activities

語のれんしゅう　Vocabulary Practice

Answer the following questions in Japanese.

1. どんなふくを　よく　かいますか。どこで　かいますか。

_____

2. デパートの婦人服うりばに　どんなものが　ありますか。
　　　<small>ふじんふく</small>

_____

3. 今　（〜さんの）へやに　どんなふくや　アクセサリーが　ありますか。
　　　(Use adjectives to describe the items)

_____

Write the Arabic numerals for the following numbers.

1. よんせんごひゃくろく _____

2. ひゃくはち _____

3. いちまんななせん _____

4. さんびゃくよんじゅうまん _____

5. はちまんさんぜんごじゅうご _____

6. にじゅうきゅうまんろくせんひゃくさんじゅう _____

C. Write the pronunciation of the following numbers in **hiragana**.

1. 12,456 _____

2. 3,333,333 _____

3. 48,862 _____

4. 6,670 _____

5. 55,799 _____

6. 3,291,910 _____

D. Complete the following dialogue between a customer and a sales clerk at a department store

1. 　　　おきゃくさん：すみません、あのセーターを _____ 下さい。

店の人 (*sales clerk*)：はい、どうぞ。
　みせ

　　　おきゃくさん：ちょっと小さいですね。_____ の
　　　　　　　　　　ありませんか。

　　　店の人：はい、おまち下さい (*please wait*)。
　　　みせ

2. 　　　店の人：この腕時計は　いかがですか (＝どうですか)。
　　　みせ　　　　うでどけい

　　　おきゃくさん：そうですね、_____ ですね。もうすこし安い
　　　　　　　　　　のは _____。

　　　店の人：はい、どうぞ。
　　　みせ

　　　おきゃくさん：いいですね。これを　下さい。すみませんが、はこに
　　　　　　　　　　_____ 下さい。

　　　店の人：かしこまりました（＝分かりました）。
　　　みせ

Requesting and giving explanation or additional information, and creating harmony and shared atmosphere using 〜んです

The following conversations are somewhat awkward because some sentences use ます／ません instead of んです. Underline the parts that would need to be changed, and supply the correct 〜んです form.

Example   A: あれ、にくは　<u>たべませんか。</u>→ たべないんですか。
　　　　　　B: ええ、にくは　<u>きらいです。</u>→ きらいなんです。

1. A: よく　バナナを　たべますね。

　　B: ええ、バナナが　とても　好きです。

2. (B is not playing computer games with the others.)

　　A: ゲームを　しませんか。

　　B: すみません、あまり　好きじゃありません。

3. A: 中山さん、今晩　一緒に　パーティに　いきませんか。
　　　　　　　ばん　いっしょ

　　B: 今晩は　ちょっと…。
　　　　ばん

　　A: 何か (something) ありますか。

　　B: ええ、明日　日本語のテストが　あります。
　　　　　あした

4. (At midnight, A sees a roommate, B, leaving his/her apartment.)

A: 今　でかけますか。

B: ええ、明日のあさごはんのたまごが　ありません。
　　　あした

5. A: 高山さん、りょうのへやは　どうですか。

B: あのへやは　ちょっと…。

A: きらいですか。

B: ええ。とても　小さくて　くらいです。

6. A: 山本さん、今日のごご　うちに　きませんか。

B: あ、すみません。今日のごごは　デパートに　いきます。
　　　セールが　ありますよ。

A: そうですか、じゃあ　また　今度。
　　　　　　　　　　　　　　　ど

Expressing desire using ほしい・ほしがっている and ～たい・～たがっている

Complete the following dialogues, using ほしい／ほしがっている.

1. A: ミラーさん、今　何 _____ か。

B: そうですね、新しいジーンズ _____。

A: ジャケットも _____ か。

B: いいえ、高いので、ジャケットは _____。

2. A: 私、来週　誕生日なんですよ。
　　　　らい　たんじょうび

B: あ、そうですか。プレゼントに　どんなもの _____ か。

A: そうですねえ、腕時計 _____ です。
　　　　　　　　うでどけい

B: そうですか。ぼくは　誕生日に　ゲーム _____。
　　　　　　　　　　　　たんじょう

A: 私のおとうと (*younger brother*) も　ゲーム _____ よ。

Look at the chart indicating your and Mr. Tanaka's wishes. はい means that the activity in the left column is agreeable, and いいえ means that the activity is not agreeable. Write sentences about what you and Mr. Tanaka do or do not want to do.

		私	田中さん
Example	うち／かえる	はい	はい
1	プール／およぐ	いいえ	いいえ
2	しゃしん／とる	はい	いいえ
3	うち／ゆっくりする	いいえ	はい
4	友達／メール／かく	はい	はい
5	そと／しょくじする	はい	いいえ
6	スーツ／かう	いいえ	はい

Example 　私は　うちに　かえりたいです。　田中さんも　うちに　かえりた
　　　　　がっています。

1. _____

2. _____

3. _____

4. _____

5. _____

6. _____

C. Complete the following sentences describing what you and other people want to do.

■ Example　私は　<u>おいしいアイスクリームが　たべたいです。</u>
　　　　　　ちち (*my father*) は　<u>ハワイに　ゴルフを　しに　いきたがっています。</u>

1. 私は　今 _____

2. 友達の _____ さんは _____

3. はは (*my mother*) は _____

4. ちち (*my father*) は _____

D. Answer the following questions in Japanese.

1. 去年 (*last year*) の誕生日に　何が　一番　ほしかったですか。今年 (*this year*) は　どうですか。

_____

2. 今、くつとかばんと　どちらの方が　ほしいですか。

_____

3. がいこく (*foreign country*) の中で、どこに　一番　りょこうに　いきたいですか。

_____

4. 今　ゆうめいな人の中で、だれに　一番　あいたいですか。こどもの時 (*when*) は　どうでしたか。

_____

. Expressing quantities with numbers and counters まい, 本, ひき, and さつ

Look at each of the numbered illustrations and complete a sentence describing each item and quantity, following the example. **Do not use kanji for counter expressions.**

10 pages

xample   **1**   **2**   **3**   **4**   **5**   **6**

Example   <u>セーターを　いちまい</u>　かいました。

1. 昨日
きのう _____ よみました。

2. ベッド _____ います。

3. デパート _____ かいました。

4. 今晩
ばん _____ かきます。

5. 店
みせ _____ かいました。

6. テーブル _____ あります。

Complete the following dialogues using the appropriate phrases and counters. **Do not use kanji for counter expressions.**

1. A:　へやに　どんなふくが _____ か。

B:　そうですね、_____ あります。

　　　　　　　　　(5 pairs of jeans and 4 shirts)

2. A:　大学のとしょかんに　日本語の本が　ありますか。

B:　ええ、たくさんありますよ。

A:　_____ ぐらい　あるんですか。

B:　_____ ありますよ。

　　　　　(about three thousand)

3. A:　ごりょうしんのうちに　ペットが　いますか。

B:　ええ。りょうしんは　どうぶつ (animal) が　好き _____、

　　_____ います。

　　　　(3 cats and 2 dogs)

Expressing quantities using Japanese-origin numbers

mplete the following dialogues using the appropriate phrases and counters. **Do not use kanji** counter expressions.

1. A: 古田さんは　どんなアクセサリーを　もっています (*to own*) か。
　　　ふる た

B: _____ ぐらい　ありますよ。

　　(8 pairs of earrings and 4 rings)

2. A: 木村さん、昨日　何 _____。
　　　むら　　きのう

B: スーパーに　くだもの _____ いきました。

A: そうですか。何 _____ か。

B: _____ かいましたよ。

　　(5 apples and 4 oranges)

3. A: いらっしゃいませ。

B: すみません、_____ 下さい。

　　　　　　　(3 carrots and 6 tomatoes)

A: はい、どうぞ。

me ______________________ Class ______________ Date ________________

Talking about prices using 円(えん); indicating floor levels with かい

Complete the following dialogues. **Write numbers/counter expressions in hiragana.**

Items	Prices
	¥20
	¥100
	¥40
	¥30

1. A: おきゃくさん、このレタス ______________________ 円(えん)ですよ。

にんじんは ______________ 円(えん)ですよ。安いですよ、いかがですか。

B: じゃあ、 ____ 下さい。

(1 head of lettuce and 2 carrots)

A: ありがとうございます。

2. A: すみません、バナナは ______________________ か。

B: ____________________ 円(えん)です。

A: ____ か。

B: えーっと、四十円(よんじゅうえん)です。

A: そうですか。じゃあ、____________________________________ 下さい。

(3 bananas and 3 tomatoes)

ぜんぶで ______________________ か。

B: ________________________________ 円(えん)です。

B. Complete the following dialogues. **Write numbers/counter expressions in hiragana.**

古田：高木さん、新しいハンドバッグですね。どこ ＿＿＿＿＿＿＿＿＿＿＿ か。

高木：昨日、えきのまえの店 ＿＿＿＿＿＿＿＿＿＿＿＿＿＿＿＿＿＿＿。

　　　フランスせい (*made in France*) なんですが、あまり

　　　＿＿＿＿＿＿＿＿＿＿＿＿＿＿＿＿＿ よ。

古田：そうですか。＿＿＿＿＿＿＿＿＿＿＿＿＿＿＿ か。

高木：＿＿＿＿＿＿＿＿＿＿＿＿ でしたよ。

　　　(5,800 yen)

古田：それは　いいかいものでしたね。

C. Look at the following floor directory and complete the following dialogues between a customer and an information assistant. **Write counter expressions in hiragana.**

おくじょう (R)	ゆうえんち (*amusement center*)
6F	レストラン
5F	ぶんぼうぐ　　本　　CD／DVD
4F	かぐ (*furniture*)
3F	婦人服
2F	しんしふく
1F	くつ　　ネクタイ　かばん　　アクセサリー
B1	しょくひん

1. A: すみません、婦人服うりばは　どこに　ありますか。

　　B: ＿＿＿＿＿＿＿＿＿＿＿＿＿＿ に　ございます。

2. A: すみませんが、このたてものに ＿＿＿＿＿＿＿＿＿＿＿＿＿＿＿。

　　B: いいえ、喫茶店は　ございませんが、レストランは　六かいに
　　　ございます。

3. A: すみません、＿＿＿＿＿＿＿＿＿＿＿＿＿＿＿＿＿＿＿＿＿＿＿＿＿。

　　B: 四かいに　ございます。

4. A: すみません、ケーキを ＿＿＿＿＿＿＿＿＿＿＿＿＿ んですが。

　　B: ケーキですか。しょくひんうりばは ＿＿＿＿＿＿＿＿＿＿＿＿
　　　ございます。

ゆうごうれんしゅう Integration

You are at a department store and would like to buy an overnight bag. Complete the following conversations with the appropriate phrases and sentences, using your imagination.

（かばんうりばで）

店の人 (*sales clerk*)：いらっしゃいませ。

　おきゃくさん：すみません、かばんが ＿＿＿＿＿＿＿＿＿＿んですが。

　　店の人：このくろいのは　いかがですか。

　おきゃくさん：いいかばんですね。＿＿＿＿＿＿＿＿＿＿＿＿＿。

　　店の人：二万円で　ございます。

　おきゃくさん：＿＿＿＿＿＿＿＿＿＿＿＿＿＿＿＿＿＿＿＿＿＿＿＿＿

　　　　　　　　＿＿＿＿＿＿＿＿＿＿＿＿＿＿＿＿＿＿＿＿＿＿＿＿。

　　店の人：じゃあ、このちゃいろいのは　いかがでしょうか。

　おきゃくさん：＿＿＿＿＿＿＿＿＿＿＿＿＿＿＿。

　　店の人：一万八千円で　ございます。

　おきゃくさん：そうですか。じゃあ、＿＿＿＿＿＿＿＿＿＿＿＿＿。

　　店の人：はい、ありがとうございます。

　おきゃくさん：すみませんが、おくりもの (*present*)＿＿＿＿＿＿＿＿＿＿、

　　　　　　　　はこ ＿＿＿＿＿＿＿＿＿＿＿＿＿＿＿ませんか。

　　店の人：かしこまりました。しょうしょう　おまち下さい。

B. Read the following passage and answer the questions. It is not necessary for you to understand every single word or phrase.

ことばのリスト

おかし	candy, sweets
体によくない	unhealthy

　私の家は東京の目黒にあります。家の近くに百円ショップがあって、よく買い物をします。そこには、いいものがたくさんありますが、全部百円なので、とても安いです。アクセサリーやキッチン用品もあるし、CDや食べ物もあります。私はよくノートやえんぴつを買います。

　先週末、私は友達の木村さんの家にあそびに行きました。木村さんの家は横浜にあります。その近くにも新しい百円ショップがあったので、木村さんと一緒にきました。とても大きくてきれいな店で、一階から五階まであって、目黒のよりずっとよかったです。木村さんはペンをほしがっていたので、はじめにエスカレータで五階の文房具売り場に行きました。木村さんは赤いペンを二本買いました。私は黒いペンを一本買いました。二階は服の売り場で、ネクタイもTシャツもぜんぶ円でした。木村さんはきれいなベルトを見つけて、それを三本買いました。私はかしが買いたかったので、一階の食品売り場に行ったんですが、売り場にはほしおかしがありませんでした。おかしがなくて残念でしたが、インスタントラーメがあったので五つ買いました。

　今週は毎日そのラーメンを食べています。あまり体によくないんですが、おいしいです。私は百円ショップが大好きですから、また行きたいです。

1. What do these そ -words refer to? Rephrase them using other Japanese words.

そこ = _____

その = _____

それ = _____

2. この人 (writer) は　百円ショップで　よく　何を　買いますか。

_____

3. 木村さんは　何を　買いましたか。
　　　むら　　　　　　　か

_____

4. 何階で　ペンを　買いましたか。
　　がい　　　　　　か

_____

5. インスタントラーメンは　何階に　ありましたか。
　　　　　　　　　　　　　　　　がい

_____

6. ○ X を　つけなさい (*put*)。(○ =True, X=False)

（　　）目黒の百円ショップの方が　横浜のより　いいです。
　　　　めぐろ　　　　　　　　　　　よこはま

（　　）木村さんは　ペンを　買いたがっていました。
　　　　むら　　　　　　か

（　　）木村さんと　この人は　ペンを　買いました。
　　　　むら　　　　　　　　　　　か

（　　）木村さんと　この人は　ベルトを　買いました。
　　　　むら　　　　　　　　　　　か

（　　）この人は　おかしが　ほしかったです。

（　　）この人は　おかしを　買いました。
　　　　　　　　　　　　か

Name _____ Class _____ Date _____

くれんしゅう **Writing Practice**

Look at the chart on pp. 332–333 of your textbook and write each **kanji** ten times using the handwritten style.

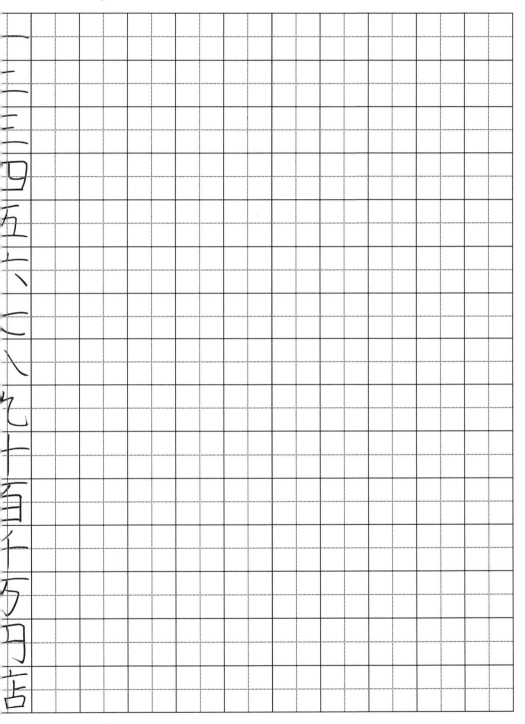

B. Rewrite each sentence using **kanji, hiragana,** or **katakana** as appropriate.

1. しゅうまつ　あたらしい　みせで　しゃつを　よんまい　かいました。
   いちまんごせんななひゃくえん　でした。

   _____

2. てーぶるの　うえに　おれんじのけーきが　むっつと　ばななが
   はっぽん　あります。

   _____

3. すぺいんごの　じゅぎょうは　まいにち　くじ　さんじゅっぷんに
   あります。

   _____

4. にほんごの　がくせいは　ぜんぶで　にひゃくにんぐらい　います。

   _____

ラボの　れんしゅう **Lab Activities**

Part 1: Vocabulary

Please turn to the vocabulary list on pp. 296–298 of your textbook and repeat each word or phrase you hear.

Part 2: Vocabulary Practice

Listen to the following numbers and write each one in Arabic numerals.

You hear:　ひゃく

You write:　<u>100</u>

1. _____   8. _____   15. _____

2. _____   9. _____   16. _____

3. _____   10. _____   17. _____

4. _____   11. _____   18. _____

5. _____   12. _____   19. _____

6. _____   13. _____   20. _____

7. _____   14. _____

Part 3: Speaking and Listening Comprehension Activities

I. Requesting and giving explanation or additional information, and creating harmony and shared atmosphere using 〜んです

🔊 A. You have heard some rumors. Listen to each of the following statements and ask a confirmation question. You will then hear the correct question. Write the question.

■ You hear: スミスさんは　アメリカに　かえります。

　 You say: スミスさんは　アメリカに　かえるんですか。

　 You hear: スミスさんは　アメリカに　かえるんですか。

　 You write: <u>スミスさんは　アメリカに　かえるんですか。</u>

1. _____

2. _____

3. _____

4. _____

5. _____

6. _____

7. _____

🔊 B. Listen to the following conversations containing んです and complete each sentence by supplying the correct reason with ので. Stop the audio as necessary.

■ You hear:　A: あら、どうして　さかなは　たべないんですか。

　　　　　　　B: あまり　好きじゃないんです。

　 You write: <u>さかなは　あまり　好きじゃない</u>ので、たべません。

1. _____ので、明日_{あした}　大学に　きません

2. _____ので、スーパーに　いきます。

3. _____ので、いきません。

4. ブラウンさんは _____ので、日本語を
べんきょうします。

5. _____ので、うちに　かえりません。

Expressing desires using ほしい・ほしがっている and たい・たがっている

Listen to each of the following questions and write your answer.

You hear:　明日　何が　したいですか。
　　　　　　あした

You write:　<u>テニスが　したいです。</u>

1. _____

2. _____

3. _____

4. _____

5. _____

6. _____

Listen to each of the following conversations and circle the choice that fits the content of the conversation.

You hear:　A:　何を　しましょうか。

　　　　　　B:　そうですね。今日は　テニスが　見たいですね。
　　　　　　　　　　　　　　　　　　　　　　　み

　　　　　　A:　じゃあ、テニスを　見ましょうか。
　　　　　　　　　　　　　　　　み

You see:　The man wants (to watch tennis/to play tennis).

You circle:　The man wants (to watch tennis / to play tennis).

1. The man (wants / does not want) to go out.

2. The man wants (to go to a mountain / to see old buildings).

3. The woman wants (to eat good food / to go to karaoke).

4. The woman wants (to go jogging / to see a movie).

5. The man wants to drink (juice / an alcoholic beverage).

Expressing quantities with numbers and counters まい, 本, ひき, and さつ

ten to the following conversations. Write each item mentioned and the quantity in Arabic
merals.

You hear:　A:　いらっしゃいませ。

　　　　　　B:　にんじんを　二本　下さい。
　　　　　　　　　　　　　に ほん

You write:　にんじん　2

1. _____

2. _____

3. _____

4. _____

5. _____

Expressing quantities using Japanese-origin numbers

ten to the following statements. Write each item mentioned and the quantity in Arabic
merals.

You hear:　テーブルの　上に　りんごが　二つ　あります。
　　　　　　　　　　　　　　　　　　　　　ふた

You write:　りんご　2

1. _____

2. _____

3. _____

4. _____

5. _____

Talking about prices using 円 ; indicating floor levels with かい
えん

Listen to each of the following conversations. List all items mentioned and their prices.

You hear:　A: すみません、この本は　いくらですか。

　　　　　　B: そちらは　2,500円です。
　　　　　　　　　　　　　　　　えん

You write:　<u>本　¥2,500</u>

1. _____

2. _____

3. _____

4. _____

5. _____

You are in a Japanese department store. Listen to the announcement and write the number of the floor on which each event takes place.

You hear:　毎度　ご来店下さいまして　まことに　ありがとうございます。
　　　　　　まいど　らいてん
　　　　　　ただいま　二階では　スーツのセールを　しております。どうぞ
　　　　　　　　　　　にかい
　　　　　　おこしくださいませ。

You see:　スーツのセール

You write:　<u>　2F　</u>

1. 婦人服のバーゲン　　　_____
　　 ふじんふく

2. くつのセール　　　　　_____

3. チョコレートフェア　_____

rt 4: Dict-a-Conversation

u (Smith) are in a department store and are looking for a shirt. You speak first with the guide
the information desk, and then with a salesperson in the men's apparel department.

んないがかり (*information assistant*)：_____

スミス：_____

あんないがかり：_____

んしふくうりばで）

店の人：_____
みせ

スミス：_____

店の人：_____
みせ

スミス：_____

店の人：_____
みせ

スミス：_____

店の人：_____
みせ

スミス：_____

店の人：_____
みせ

Chapter 9
だい九か
Restaurants and invitations
レストランとしょうたい

orkbook Activities

語のれんしゅう　Vocabulary Practice

swer the following questions in Japanese.

1. よくどんなレストランに行_いきますか。そこで何をちゅうもんしますか。

_____

2. どんなデザートをよく食_たべますか。

_____

3. 今晩_{ばん}、何が食_たべたいですか。

_____

4. 和食_{わしょく}の中で、何が一番好きですか。

_____

5. あぶらがおおい食_たべ物_{もの}と　あぶらがすくない食_たべ物_{もの}と、どちらの方が好き
ですか。

_____

6. メキシコりょうりって、どんなりょうりですか。

_____

7. 何りょうりをよく食_たべますか。どうしてですか。

_____

Indicating choices using 〜にします; making requests using 〜をおねがいします

Complete the following conversations, supplying the appropriate counters as necessary. The conversations contain many **katakana** words. Try to guess their meanings from the context in order to complete the dialogue.

1. ウェイトレス：いらっしゃいませ。ごちゅうもんは。

           A: _____ おねがいします。

   ウェイトレス：はい、Aランチをお一つですね。かしこまりました。

2.   A: 何を飲みますか。

           B: _____ します

         A: そうですか。じゃあ、私もこうちゃにします。

   ウェイトレス：ごちゅうもんは。

           B: すみません。_____ おねがいします。

   ウェイトレス：はい、かしこまりました。

3. A: あそこの　スタバ (*Starbucks*) で、コーヒーを _____ か。

      B: いいですよ。そうしましょう。

（スタバで）

      A: _____ しますか。

      B: そうですね。私はカフェラテに _____。　それから、スコーンを食べます。

      A: そうですか。私はフラペチーノに _____。

 店の人：ごちゅうもんは。

      A: _____ おねがいします。

      B: 私は、_____ おねがいします。

 店の人：はい、かしこまりました。

B. Complete the following conversation between 水田さん and 大木さん.

水田： 六時ですね。大木さん、一緒にばんごはんを
　　　＿＿＿＿＿＿＿＿か。

大木： ええ、いいですよ。何がいいですか。

水田： そうですね。スパゲティ＿＿＿＿＿＿＿＿＿＿＿＿＿。

大木： そうですか。じゃあ、オリーブガーデン (Olive Garden) に
　　　＿＿＿＿＿＿＿＿か。

水田： いいですね。行きましょう。

（オリーブガーデンで）

水田： ぼくはミートボール・スパゲティに＿＿＿＿＿＿＿＿が、
　　　大木さんは？

大木： そうですね、私はラザニア (lasagna) に＿＿＿＿＿＿＿＿。
　　　飲みものは？

水田： 今日はあついので、ビール＿＿＿＿＿＿＿＿＿＿たいですね。

大木： じゃあ、私もビール＿＿＿＿＿ちゅうもんします。

ウェイター： ごちゅうもんは。

水田： ＿＿＿＿＿＿＿＿＿＿＿＿＿＿＿と＿＿＿＿＿＿＿＿＿＿＿

　　　と＿＿＿＿＿＿＿＿＿＿＿＿＿おねがいします。

ウェイター： はい、かしこまりました。

Eliciting and making proposals using 〜ましょうか and 〜ましょう

mplete the following conversation between 鈴木さん and さとうさん by writing the

propriate verb forms, 〜ましょうか , 〜ましょう , and ませんか .

鈴木_{すず}：さとうさん、今度の土曜日_どに田中さんとえいがを見_みに

_____んですが、一緒_{しょ}に _____。

さとう：ええ、ぜひ。どんなえいがですか。

鈴木_{すず}：フランスの古いえいがです。しぶやえきのちかくに、いい

えいがかん (movie theater) が　_____んですよ。

_____ (not very big) が、

_____ (new and clean) んです。

さとう：そうですか、ぜひ　_____たいです。何時ごろ _____。

鈴木_{すず}：六時ごろは　_____。

さとう：ええ、いいですよ。どこ　_____。

鈴木_{すず}：そうですね、じゃあ、しぶやえきのまえで _____。

さとう：分かりました。　私、インターネットでチケットを買_かいますよ。

何まい _____ か。

鈴木_{すず}：じゃあ、三まい買_かって _____ か。おねがいします。

さとう：分かりました。じゃあ、土曜日の六時に、しぶやえきで

_____。

. Using question word + か + (particle) + affirmative and question word + (particle) + も + negative

mplete each of the following dialogues, using either question word + (particle), question word +
+ (particle), or question word + (particle) + も.

1. A: 田中さん、今日のあさ、_____ 食べましたか。
た

   B: いいえ、あさはあまり時間がないから、_____ 食べないん
た
   ですよ。

   A: じゃあ、今から _____ 食べませんか。
た

   B: いいですよ。じゃあ、ピザはどうですか。

   A: いいですね。そうしましょう。

2. A: 高山さん、土曜日にへやにいませんでしたね。

   _____ 行きましたか。

   B: ええ、えきのちかくのデパートに行きましたよ。
い

   A: そうですか。_____ 買いましたか。
か

   B: いいえ、ざんねんでしたが、_____ 買いませんでした。
か

3. A: 昨日のばん、_____ うちに来ましたか。
きのう　　　　　　　　　　　　　　き

   B: はい、田中さんが来ましたよ。
き

4. スミス： 山田さん、_____ 私のねこを見ましたか。
み

   山田： いいえ、_____ いませんでしたよ。

   鈴木： あ、ぼく、さっき (a little while ago) 見ましたよ。
すず　　　　　　　　　　　　　　　　　　　み

   スミス： そうですか。_____ 見ましたか。
み

   鈴木： あそこのつくえの下にいましたよ。
すず

5. ブラウン：さとうさんは _____ 日本に帰るんですか。
かえ

   さとう：冬休み (winter break) に帰ります。
ふゆ　　　　　　　　　　かえ

   ブラウン：いいですね。

   さとう：ブラウンさんも _____ 日本に来て下さいね。
き

6. 大川：田中さんはよくメールを書きますか。

田中：そうですね、ときどき書きますよ。

大川：昨日も ＿＿＿＿＿＿＿＿ 書きましたか。

田中：いいえ、メールは ＿＿＿＿＿＿ 書きませんでしたが、
りょうしんには電話をかけましたよ。大川さんは？

大川：私は昨日はしゅくだいがたくさんありましたから、
＿＿＿＿＿＿ 話しませんでした。

Giving reasons using から; expressing opposition or hesitation using けど

Complete the following chart.

jective/Verb/ pula verb	Affirmative + ので	Affirmative + から	Negative + ので	Negative + から
たたかい				
うめい				
い				
っぱい				
らい				
食 しょく				
います				
みます				
せます				

Write a statement that combines the two sentences, using either から or けど, whichever is appropriate. You must decide which of the two sentences should come first.

Example　テストはありません。今晩べんきょうします。
　　　　　　　　　　　　ばん

　　　<u>テストはないけど、今晩べんきょうします。</u>
　　　　　　　　　　　　　　　　ばん

1. 私は八時に起きます。ルームメートは六時に起きます。
　　　　　　　　お　　　　　　　　　　　　　　　　お

_____

2. イタリアりょうりを作りました。友達がうちに来ます。
　　　　　　　　　　　　つく　　　　　だち　　　　き

_____

3. 今晩えいがを見ます。明日テストがあります。

_____

4. このフライドチキンはちょっとしょっぱいです。食べませんか。

_____

5. いぬが大好きです。今は、ほしくありません。

_____

6. 食べたくありません。ケーキはカロリーが高いです。

_____

7. おさけが飲みたいです。くるまをうんてんして (to drive) 帰ります。コーラ
にします。

_____

8. 学生です。しごとがあります。毎日は大学に行かないんです。

_____

C. Write your answer to each of the following questions, using ～から.
   1. 今週末、どこかに行きますか。

   _____

   2. よくハンバーガーを食べますか。

   _____

   3. 今晩、だれかと出かけますか。

   _____

   4. インドりょうりは好きですか。

   _____

Making inferences based on direct observation using verb and adjective stems + そうだ

Complete the following chart.

djective/ rb	Affirmative + そう	Negative + そう	Affirmative + そう + Noun
いしい	おいしそう	おいしくなさそう おいしそうじゃない	<u>おいしそうな</u>　クッキー
゛んき			_____ 人
わらかい			_____ ステーキ
い			_____ しごと
めたい			_____ 水
変 へん			_____ じゅぎょう
もしろい			_____ えいが
る			きょうしつで _____ 学生
う			高いふくを _____ 人

B. Describe the following pictures, using 〜そう.

1　　　　　　　**2**　　　　　　　**3**

4　　　　　　　**5**　　　　　　　**6**

1. この人は_____

2. この人は_____

3. テストは_____

4. この人は_____

5. この人は_____

6. _____ くるまですね。

~うごうれんしゅう Integration

Complete the following dialogue.

A: 田中さん、今度の週末、_____ 行きますか。

B: いいえ、_____ 行きませんよ。うちにいますけど。

A: そうですか。土曜日は鈴木さんの誕生日なんです _____、

一緒にパーティを _____ か。

B: それはいいですね。でも、どこで _____ か。

A: 大学のちかくに新しいイタリアりょうりのレストランが _____ んですよ。
これ、メニューなんです _____、見て下さい。どうですか。

B: このパスタ (pasta) とピザ、とても _____(tasty) そうですね。それに、
あまり高く _____ そうですね。レストランのなまえは何ですか。

A: アントニオです。

B: _____(nice) そうな店ですね。

じゃあ、ばしょ (place) はアントニオに _____ か。

A: ええ、そうしましょう。

B: 何時ごろ、会いましょうか。

A: ぼく、六時半までちょっとようじがある _____、七時ごろは
_____。

B: いいですよ。パーティにはだれを _____ か。

A: そうですね、鈴木さんと中山さんとブラウンさんをよびませんか。

B: いいですね。

A: ぼく、鈴木さんに電話します。それから、レストランに電話 _____
_____、よやくしますね (to make a reservation)。

B: おねがいします。

A: 田中さん、すみません _____、中山さんとブラウンさんに
メールを _____ か。

B: いいですよ。じゃあ、土曜日の七時にアントニオで _____。

B. Read the following e-mail message and answer each question in Japanese.

ことばのリスト　　　　お金　money
　　　　　　　　　　　　　　(かね)

```
┌────────────────────────────────────────────────┐
│  ✉                                             │
│  ファイル(F)   編集(E)   書式(O)   送受信(S)   ヘルプ(H)  │
│  ┌──┐  ┌──┐  ┌──┐  ┌──┐  ┌──┐  ┌──┐  │
│  │〒│  │✉↗│  │✉ │  │↺ │  │▤ │  │🖨 │  │
│  └──┘  └──┘  └──┘  └──┘  └──┘  └──┘  │
│                                                │
│  送信者: │大木　ゆみこ                      │ │
│  宛先:   │サラ　ジョーンズ                  │ │
│  Cc:     │                                  │ │
│  件名:   │田中さんの誕生日パーティー        │ │
│                                                │
│  サラさん、                                    │
│  こんにちは～！　ゆみこです。しばらく会ってないけど、げんき？ │
│  私は毎日いそがしいけど、げんきでやってます。大学のじゅぎょうはどう？ │
│                                                │
│  ところで、来週の金曜日は田中さんの誕生日なんです。それで、みんな │
│  でパーティをするんだけど、もしひまだったら来ませんか。はじめ、 │
│  レストランでしたかったんだけど、高くてお金がかかるから、私のアパート │
│  にしました。あまりひろくないけど、たのしそうでしょう？ みんな、六時 │
│  ごろ来るとおもいます。お金はいりませんけど、何か食べものを │
│  作って、もって来てくれませんか。飲みものでもオッケーです。 │
│  来られるかどうか、メール下さい。待ってます！！ │
│                                                │
│  ゆみこ                                        │
└────────────────────────────────────────────────┘
```

1. このメールは、だれがだれに書きましたか。

_____

2. どうしてメールを書きましたか。

_____

3. パーティはレストランでしますか。どうしてですか。

_____

4. パーティでお金をはらいますか (to pay)。
　　　　　(かね)

_____

Write an e-mail to your friend, 下田ひろみさん, inviting her to do something this weekend. You can decide the details on your own.

ファイル(F)　　編集(E)　　書式(O)　　送受信(S)　　ヘルプ(H)

送信者:
宛先: 下田　ひろみ
Cc:
件名:

くれんしゅう **Writing Practice**

Look at the chart on pp. 375–377 of your textbook and write each **kanji** ten times using the handwritten style.

行											
末											
帝											
象											
次											
見											
聞											
売											
書											
活											
山											
会											
員											
記											
夏											

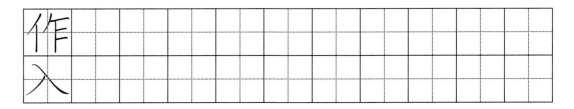

B. Rewrite each sentence using **kanji**, **hiragana**, and **katakana**.

1. きょうは　しちじに　おきて、とーすとを　たべて、おれんじじゅーすを
のみました。それから、だいがくに　でかけました。

_____

2. ともだちが　くるから、すーぱーで　かいものをして、いたりありょうりを
つくりました。

_____

3. らいしゅう、いっしょに　にほんのえいがを　みにいきませんか。

_____

4. うちにかえって、ほんを　よみました。それから、めーるをかいて、
ねました。おふろには　はいりませんでした。

_____

5. うえださんと　あって、ふるいきっさてんで　にじかんぐらい
はなしました。

_____

6. にほんの　おんがくを　きくのが　すきです。

_____

ラボの　れんしゅう　Lab Activities

art 1: Vocabulary

ase turn to the vocabulary list on pp. 340–342 of your textbook and repeat each word or
rase you hear.

art 2: Speaking and Listening Comprehension Activities

Indicating choices using ～にします; making requests using ～をおねがいします

Listen to the following conversations and write the item(s) that each person orders.

You hear:　A:　何にしましょうか。

　　　　　　B:　ええと、私はラーメンにします。

　　　　　　A:　いいですね。でも、ぼくはうどんにします。

You write: ラーメン／うどん

1._____／_____

2._____／_____

3._____／_____

4._____／_____

5._____／_____

🔊 B. Listen to the following conversations. Write each item and quantity ordered.

■ You hear: (*ring ring . . .*)

A: はい、えちごやです。毎度どうも。

B: あのう、ジョンソンですが、そばを一つとうどんを二つおねがいします。

A: はい、分かりました。どうもありがとうございます。

B: よろしく。

You write: そば　１　うどん　２

1. _____

2. _____

3. _____

Eliciting and making proposals using 〜ましょうか and 〜ましょう

Listen to the following questions and cues and answer each question orally, using verb ましょう. You will then hear the correct answer. Repeat the answer.

You hear:　　どこに行きましょうか。／図書館

You say:　　図書館に行きましょう。

You hear:　　図書館に行きましょう。

You repeat:　図書館に行きましょう。

Listen to the following conversations to grasp what the speakers are going to do and where they will do the activities being discussed. Write a statement for each activity and location. Stop the audio as necessary.

You hear:　A: 週末に山田さんの誕生日パーティをしたいんですが、

　　　　　　　どこがいいでしょうね。

　　　　　B: 木村さんのうちはどうですか。大きいですよ。

　　　　　A: ええ、いいですけど、ちょっととおい (far) ですよね。

　　　　　B: そうですね。じゃ、私のうちにしませんか。

　　　　　A: 鈴木さん、本当に (really) いいんですか。

　　　　　B: ええ、いいですよ。うちにしましょう。

　　　　　A: じゃ、鈴木さんのうちでおねがいします。

　　　　　B: 分かりました。

You write:　鈴木さんのうちで山田さんの誕生日のパーティをします。

1. _____

2. _____

3. _____

Chapter 9　269

. Using question word + か + (particle) + affirmative, and question word + (particle) + も + negative

Listen to each of the following cues and ask a yes/no question; using the particle か. You will then hear the correct question. Repeat each question.

You hear:　　今日のあさ／何／食べました
<small>た</small>

You say:　　今日のあさ何か食べましたか。
<small>た</small>

You hear:　　今日のあさ何か食べましたか。
<small>た</small>

You repeat:　今日のあさ何か食べましたか。
<small>た</small>

Listen to the following questions and answer each question, first orally, then in writing. Use question word + (particle) + も as appropriate.

You hear:　　　　　今日のあさ何か食べましたか。
<small>た</small>

You say and write:　はい、シリアルを食べました。
<small>た</small>

　　　　　　or　いいえ、何も食べませんでした。
<small>た</small>

1. _____

2. _____

3. _____

4. _____

5. _____

6. _____

Giving reasons using から ; expressing opposition or hesitation using けど

ten to the following short conversations. After each conversation, fill in the blank to complete
statement, using either から or けど, whichever is appropriate. Stop the audio as necessary.

You hear: A: 今から何をしますか。

B: 明日テストがあるから、うちでべんきょうします。
   あした

You see: _____、うちで
べんきょうします。

You write: 明日テストがありますから、
   あした

1. _____、今晩日本の友達
   ばん   だち
に電話をかけます。
   でん わ

2. _____、昨日そうじを
   きのう
しました。

3. _____、新しいくつを
買いました。
か

4. りょうしんのうちに _____、
いぬはいません。

5. _____、高いカメラを
買いました。
か

Making inferences based on direct observation using verb and adjective stems + そうだ

Add そうです to the sentences you hear. You will then hear the correct answer. Write the answer.

You hear: このケーキ／あまい

You say: このケーキはあまそうです。

You hear: このケーキはあまそうです。

You write: <u>このケーキはあまそうです。</u>

Example

1

2

3

4

5

1. _____

2. _____

3. _____

4. _____

5. _____

B. Answer each question based on the picture. Use a verb or adjective stem + そうです. You wi
then hear the correct answer. Write the answer.

Example   **1**   **2**

3   **4**   **5**

■   You hear: ひまそうですか。

     You say: いいえ、いそがしそうです。

     You hear: いいえ、いそがしそうです。

     You write: <u>いいえ、いそがしそうです。</u>

1. _____

2. _____

3. _____

4. _____

5. _____

rt 3: Dict-a-Conversation

u (Smith) have been studying with Yamamoto-san all morning. It is now noon, and you are
th getting hungry.

山本： _____

スミス： _____

山本： _____

スミス： _____

山本： _____

ストランで）

ェイトレス： _____

　　　山本： _____

　　スミス： _____

　　　山本： _____

Chapter 10
だい十か
My family
私の家族
かぞく

Jorkbook Activities

語のれんしゅう　Vocabulary Practice

Look at the family tree below. You are Mr. Kenichi Suzuki. Complete the following sentences.

私（＝鈴木けんいち）の家族
すず　　　　　　　　　　かぞく

Example　いさおは<u>私の父</u>です。
ちち

1. まもるは _____。

2. なお子は _____。
こ

3. _____ 私のそぼです。

4. かず子は _____。
こ

5. みのるは _____。

6. _____ 私のおばです。

B. Look at the family tree of Ms. Keiko Ooki. Complete the following sentences.

大木けい子さんのご家族

■ Example　大木じゅん子さんはけい子さんの妹さんです。

1. 大木ひろしさんは ＿＿＿＿＿＿＿＿＿＿＿＿＿＿＿＿＿＿＿＿＿＿＿＿＿＿＿＿＿。

2. 大木まさ子さんは ＿＿＿＿＿＿＿＿＿＿＿＿＿＿＿＿＿＿＿＿＿＿＿＿＿＿＿＿＿。

3. ＿＿＿＿＿＿＿＿＿＿＿＿＿＿＿＿＿＿＿＿＿＿けい子さんのお姉さんです。

4. ＿＿＿＿＿＿＿＿＿＿＿＿＿＿＿＿＿＿＿＿＿けい子さんの弟さんです。

5. 大木さゆりさんとひろ子さんは ＿＿＿＿＿＿＿＿＿＿＿＿＿＿＿＿＿＿＿＿＿＿。

6. ＿＿＿＿＿＿＿＿＿＿＿＿＿＿＿＿＿＿＿＿＿けい子さんのおばあさんです。

Write your answer to each of the following questions in Japanese.

1. 〜さん (*you*) はせが高いですか、ひくいですか。

_____

2. 〜さんのお母さんはかおがまるいですか。
　　　　　　　かあ

_____

3. 〜さんのお父さんはスポーツが上手ですか。お母さんはどうですか。
　　　　　　とう　　　　　　　　じょうず　　　　　　かあ

_____

4. 〜さんのご両親は今どこにすんでいますか。
　　　　　　りょうしん

_____

5. しょうらい (*in the future*) どんなところにつとめたいですか。

_____

Write your answer to each of the following questions, using the て-form and the cues in parentheses.

Example 〜さん (*you*) のおじいさんはどんな方ですか。
　　　　　　　　　　　　　　　　　　　　　　　かた
　　　　　(physical appearance/personality)

　　　　　<u>せが高くてやさしいです。</u>

1. 〜さん (*you*) の一番いい友達はどんな人ですか。 (nationality/personality)
　　　　　　　　　　　　　だち

_____

2. 〜さん (*you*) のお父さんはどんな方ですか。 (occupation/skills)
　　　　　　　　　とう　　　　　　かた

_____

3. どんな人が好きですか。 (physical appearance/personality)

_____

E. Write your answer to each of the following questions.

1. 日本語のクラスに学生が何人ぐらいいますか。

_____

2. 大学に学生が何人ぐらいいますか。

_____

3. ～さん (*you*) の一番いい友達は、今何さいですか。

_____

4. ご両親／ご兄弟はおいくつですか。

_____

Stating the order within a family using 番 (目)

Look again at the family tree of Keiko Ooki on page 280. Answer the following questions in Japanese.

1. 大木けい子さんは兄弟が何人いますか。

_____

2. けい子さんは何番目ですか。

_____

3. ひろしさんは何番目ですか。

_____

4. さゆりさんは兄弟が何人いますか。

_____

5. さゆりさんは何番目ですか。

_____

Answer the following questions in Japanese.

1. ～さん (*you*) のご家族は何人家族ですか。

_____

2. ご兄弟が何人いますか。～さんは何番目ですか。

_____

Describing a resultant state using verb て -form + いる

First look at the pictures below. Then complete each of the following sentences. Note that
会社
かいしゃ means *a company*.

マクニール
イギリス人
コンピュータの会社
かいしゃ

フランソワ
フランス人
モデル

スコット
アメリカ人
大学生

ルチアーノ
イタリア人
くつの会社
かいしゃ

コール
ドイツ人
大学院生
いん

ジョーンズ
オーストラリア人
大学の先生

チャン
中国人
ごく
大学生

キム
かんこく人
くるまの会社
かいしゃ

Example　マクニールさんはスーツ<u>をきています</u>。　キムさん<u>もきています</u>。
　　　　　フランソワさんはネックレス<u>をしています</u>。　大きい<u>ベルトもしています</u>。

1. スコットさんはジーンズ _____。

　　 でも、ジョーンズさんは _____。

2. マクニールさんはめがね _____

　　 が、ルチアーノさんは _____。

3. チャンさんはスカート _____

　　 が、フランソワさんは _____。

4. フランソワさんはぼうし _____

   そして、めがね _____

5. コールさんはネクタイ _____

   ルチアーノさん _____

6. マクニールさんはコンピュータの<ruby>会社<rt>かいしゃ</rt></ruby> _____ が、

   スコットさんは<ruby>会社<rt>かいしゃ</rt></ruby> _____。

7. スコットさんはふとっていますが、コールさん _____

B. Your friend is meeting the people listed below in a hotel lobby for the first time. Give your friend a description, in writing, of each person in terms of clothing and physical appearance Use the て-form to link phrases.

■ Example 　マクニール

　　　　　マクニールさんはスーツをきていて、ネクタイをしています。

　　　　　そして、せがあまり高くなくて、めがねをかけています。

1. コールさん

   _____

   _____

   _____

2. ジョーンズさん

   _____

   _____

   _____

3. フランソワさん

   _____

   _____

   _____

. Describing physical appearance and skills using 〜は 〜が

Look again at the illustrations on page 285. Fill in the parentheses with the appropriate **hiragana**. Fill in the blanks with the appropriate adjective or verb.

Example　チャンさん（は）かみ（が）あまり<u>ながくありません。</u>

1. ジョーンズさん（　　）かみ（　　）とても _____。

2. チャンさん（　　）口（くち）（　　）_____。

3. コールさん（　　）せ（　　）とても _____。

　スコットさん（　　）せ（　　）_____。

4. ルチアーノさん（　　）かみ（　　）あまり _____

　_____。

5. コールさん（　　）かお（　　）_____。

6. キムさん（　　）かんこく人（　　）から、かんこく語（　　）

　_____ そうです。

B. Now write a sentence comparing each of the following pairs of people illustrated on page 28 in terms of the feature in parentheses.

■ Example　スコット／コール（せ）
　　　　　スコットさんもコールさんもせが高いです。

　　　　　ジョーンズ／チャン（かみ）
　　　　　ジョーンズさんの方がチャンさんよりかみがながいです。

1. コール／ルチアーノ（せ）

_____。

2. フランソワ／ジョーンズ（かみ）

_____。

3. スコット／キム（口）
　　　　　　　　くち

_____。

4. マクニール／ルチアーノ（かみ）

_____。

5. スコット／チャン（目）
　　　　　　　　　め

_____。

C. Complete the following sentences in Japanese, describing a close friend in terms of physical features, personality, skills, and/or clothing.

私の一番いい友達は _____ さんです。_____ さんは、せ
　　　　　だち

_____ 、かみ _____ 、かお _____。

_____ のがとても上手で、_____
　　　　　　　　　　　　　　　　　じょうず

語 ___ 分かります。_____ さんは、_____

_____。

Describing people and things using nouns and modifying clauses

Look at the illustrations below. Write your answer to each of the following questions, using noun modifiers.

さとう　　　　　　リン　　　　　　クラーク　　　　　　スミス
日本人　　　　たいわん人　　　　カナダ人　　　　アメリカ人

Example　さとうさんはどの人ですか。
　　　　　<u>スーツをきている日本人の男の人です。</u>
　　　　　　　　　　　　　おとこ

1. スミスさんはどの人ですか。

_____。

2. リンさんはどの人ですか。

_____。

3. クラークさんはどの人ですか。

_____。

4. ネクタイをしている人はだれですか。

_____。

5. 帽子をかぶっている人はスミスさんですか。
　　ぼうし

_____。

6. さとうさんはスカートをはいている人ですか。

_____。

B. Draw a picture of your family and write a description of each member, using nouns and modifying clauses. Use the form to describe the nouns.

■ Example　このせがひくくて、すこしふとっている人は私の父です。
_{ちち}

（枠内・空白）

_____

_____

_____

_____

_____

_____

_____

_____

_____

_____

Expressing opinions using 〜とおもう

Complete each of the following sentences, using 〜とおもいます.

Example　この本は<u>とてもむずかしいから、おもしろくないとおもいます。</u>

1. 日本語のじゅぎょうは _____。

2. 日本人は _____。

3. 私の大学は _____。

4. 和食の中で、_____。
　　　わ

5. 両親は _____。
　　りょうしん

6. 今度の休みに _____ たいとおもいます。
　　ど

7. スミスさんはよく本を読むから、_____。

8. ブラウンさんはとてもいそがしそう _____、今晩のパーティ
　　　　　　　　　　　　　　　　　　　　　　　　　　　　　　ばん

　　_____。

うごうれんしゅう Integration

Tom and Hiroshi are talking about the snapshot of Tom's family below. Fill in the blanks with the appropriate words.

ひろし： あっ、トムさん、それは旅行の時のしゃしんですか。ちょっと
　　　　　 (りょ)(とき)
　　　　　見せて _____ か。

　トム： ええ、どうぞ。去年 (last year) フロリダ _____。
　　　　　 (きょねん)

ひろし： そうですか。とても大きいさかなですね。この男の人は _____ か。

　トム： それは私の父です。父はつりをするのが _____、この日も
　　　　　たくさんつりました (to fish)。

ひろし： そうですか。よかったですね。じゃあ、この帽子 _____
　　　　　 (ぼうし)
　　　　　人はトムさんのお母さんですか。

　トム： ええ、母はうみ (ocean) ではたいてい帽子
　　　　　 (ぼうし)
　　　　　_____。そして、サングラスも
　　　　　_____ んです。

ひろし： そうですか。この男の子は？

　トム： 弟のボブです。ボブはげんき _____ とてもいい子 _____、
　　　　　べんきょう _____ あまり好き _____ んですよ。

ひろし： でも、かお _____、目 _____、とてもかわいい
　　　　　ですね。

　トム： そうかなあ。

B. Read the passage about 小山さんの家族 and answer the questions that follow.

　　私の家族は四人家族です。今、両親と弟は名古屋に住んでいますが、私は京都
大学の学生なので、一人でアパートに住んでいます。両親の家は新しくて立派な
家です。私は毎月 そこ に帰ります。父は銀行につとめていて、週末はよくゴルフ
出かけます。背は高いけど、ちょっと太っていますから、ダイエットをした方が
いと思います。母は父よりずっと背が低くて、やせています。めがねをかけてい
スカートをいつもはいています。母はどこにもつとめていませんが、家でいろい
な仕事をしていて、いつも忙しそうです。料理をするのがとても上手だから、私
は母の作る料理が大好きです。本当は毎日食べたいんですが、今は京都に住んで
いるので食べられません (cannot eat)。とても残念です。弟は私より三つ下で、十八
歳です。スポーツが好きな 大学生 で、専攻はビジネスですが、あまりいい学生じ
ないと思います。性格は明るくてたくさん友達がいますけど、あまり勉強しない
です。勉強より友達と遊ぶ方が好きそうです。

1. What does そこ refer to?
    そこ =

2. Both 家 and 大学生 are nouns that are modified by preceding clauses. Underline each
   modifying clause in the passage.

3. ○ X をつけなさい (put)。（ ○ =True, X=False）

   （　）小山さんのご両親の家は古いです。

   （　）お父さんもお母さんも会社 (company) につとめています。

   （　）お父さんの方がお母さんよりせが高いです。

   （　）お母さんはいつもひまそうです。

   （　）小山さんは、毎日お母さんの作る料理を食べたがっています。

   （　）小山さんは今二十一さいです。

   （　）小山さんの弟さんはよく勉強する学生です。

書くれんしゅう Writing Practice

Look at the chart on pp. 416–418 of your textbook and write each **kanji** ten times using the handwritten style.

男女目口耳足手父母姉兄妹弟家族

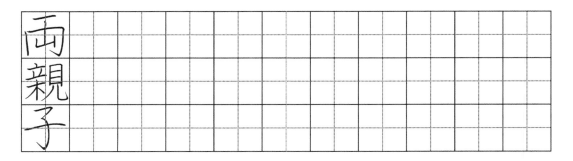

B. Rewrite each sentence using **kanji**, **hiragana**, and **katakana**.

1. おがわさんは　ごにんかぞくです。ごりょうしんは　にゅーよーくに
すんでいます。

_____

2. わたしのいもうとは　あしがながいです。そして、ばすけっとぼーるが
じょうずです。

_____

3. あにのうちには　みみがおおきいいぬが　います。

_____

4. あの　せがたかくて　めがおおきいおとこのひとは、ほんださんです。

_____

5. わたしは　あねがふたりと　おとうとがひとりいます。

_____

6. ちちは　にじゅうねん、にほんのこうこうに　つとめています。

_____

7. きれいなどれすをきているおんなのひとは　かわぐちさんの
おかあさんです。

_____

ボのれんしゅう Lab Activities

rt 1: Vocabulary

ase turn to the vocabulary list on pp. 382–385 of your textbook and repeat each word or
rase you hear.

rt 2: Vocabulary Practice

Look at the two family trees below. You will hear a letter between A and T. Say the kinship
term that corresponds to the letter. You will then hear the correct response. Repeat each
response.

私の家族
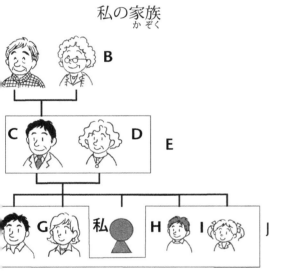

山田さんのご家族
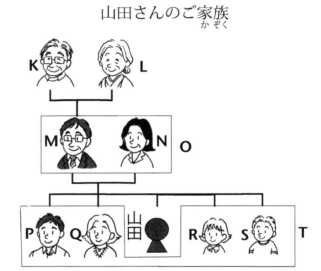

You hear: I

You say: 私の 妹

You hear: 私の 妹

You say: 私の 妹

Part 3: Speaking and Listening Comprehension

I. Stating the order within a family using 番（目）

🔊 A. Look again at Yamada-san's family tree in Part 2. Answer each question in Japanese, first orally, then in writing. Stop the audio as necessary.

■ You hear:　　　　　Q さんは何番目ですか。

You say and write:　<u>上から二番目です。</u>

1. _____

2. _____

3. _____

4. _____

Describing a resultant state using verb て-form + いる

Look at the drawings and listen to each of the following statements. If the statement is true, circle はい; if it is false, circle いいえ. Note that 会社 means *a company*.

マクニール
イギリス人
コンピュータの会社

フランソワ
フランス人
モデル

スコット
アメリカ人
大学生

ルチアーノ
イタリア人
くつの会社

コール
ドイツ人
大学院生

ジョーンズ
オーストラリア人
大学の先生

チャン
中国人
大学生

キム
かんこく人
くるまの会社

You hear: マクニールさんはスーツをきています。

You circle: (はい) because Mr. McNeil is wearing a suit.

1. はい   いいえ

2. はい   いいえ

3. はい   いいえ

4. はい   いいえ

5. はい   いいえ

6. はい   いいえ

🔊 B. Look again at the drawings in A. Listen to each of the following cues and respond orally based on the cue and the drawings. You will then hear the correct response. Repeat and write the response. Stop the audio as necessary.

■ You hear: ルチアーノさん／めがね

You say: ルチアーノさんはめがねをかけていません。

You hear: ルチアーノさんはめがねをかけていません。

You repeat and write: <u>ルチアーノさんはめがねをかけていません。</u>

1. _____

2. _____

3. _____

4. _____

5. _____

6. _____

. Describing physical appearance and skills using ～は ～が

Look again at the drawings in II.A. Listen to each of the following statements. If the statement is true, circle はい; if it is false, circle いいえ.

You hear:　スコットさんはせが高いです。

You circle:　(はい) because Scott is tall.

1. はい　　　　いいえ

2. はい　　　　いいえ

3. はい　　　　いいえ

4. はい　　　　いいえ

5. はい　　　　いいえ

6. はい　　　　いいえ

Look again at the drawings in II.A. Listen to the following cues and describe each person based on their cue. You will then hear the correct response. First repeat then write each response. Stop the audio as necessary.

You hear:　　　　　　　　コールさん／かみ

You say:　　　　　　　　コールさんはかみがみじかいです。

You hear:　　　　　　　　コールさんはかみがみじかいです。

You repeat and write:　コールさんはかみがみじかいです。

1. _____

2. _____

3. _____

4. _____

5. _____

6. _____

C. Look again at the drawings in II.A. Listen to each of the following three descriptions and write the name of the person being described. Stop the audio as necessary.

■ You hear:　この人はやせていて、せが高くて、かおがほそながいです。

そして、イヤリングとベルトをしています。

You write:　<u>フランソワさん</u>

1. _____

2. _____

3. _____

. Describing people and things, using nouns and modifying clauses

Listen to the following statements about the people pictured in II.A. Decide who is being described and write an appropriate sentence. Stop the audio as necessary.

You hear:　ネクタイをしている人はだれですか。

You write:　<u>マクニールさんとキムさんです。</u>

1. _____

2. _____

3. _____

4. _____

5. _____

6. _____

Look one more time at the drawings in II.A and listen to the following names. Describe first orally, then in writing, the people named, in terms of physical appearance, clothes, or possible skills and occupations, using nouns and modifier clauses. Stop the audio as necessary.

You hear:　　　　　チャンさんとキムさん

You say and write:　<u>目が小さい人</u>
　　　　　　　　　　　め

1. _____

2. _____

3. _____

4. _____

5. _____

Expressing opinions using 〜とおもう

Listen to the statements or questions and transform them using 〜とおもいます. Then write the correct answer after you hear it.

You hear: だれが来ますか。

You say: だれが来るとおもいますか。

You hear: だれが来るとおもいますか。

You write: <u>だれが来るとおもいますか。</u>

1. _____

2. _____

3. _____

4. _____

5. _____

6. _____

7. _____

8. _____

Answer the following questions, then write your answers, using 〜おもう.

You hear: この本をどうおもいますか。

You say and write: <u>むずかしいとおもいます。</u>

1. _____

2. _____

3. _____

4. _____

5. _____

art 4: Dict-a-Conversation

ou (Smith) are an American student living in Japan. Your friend is asking you about your family.

友達_{だち}: _____

スミス: _____

友達_{だち}: _____

スミス: _____

友達_{だち}: _____

スミス: _____

友達_{だち}: _____

スミス: _____

友達_{だち}: _____

Chapter 11
だい十一か
Seasons and Weather
きせつと天気
てんき

Workbook Activities

語のれんしゅう　Vocabulary Practice

Look at the chart of weather forecasts and complete the text for each forecast below.

まち	東京 とうきょう	ニューヨーク	モスクワ	シドニー
天気 てんき				
気温 きおん	10／5 °C	0／-5 °C	-10／-15 °C	32／23 °C
風 かぜ	0 mph (0 m/s)	N 20 mph (9 m/s)	W 25 mph (11 m/s)	N 10 mph (4.5 m/s)

Example: 東京は___晴れです___。さいこう気温 (high temperature) は十度です___。
とうきょう　は　　　　　　　　　　　　　きおん　　　　　　　　　　　　　ど

風は___ありません___。
かぜ

1. ニューヨークは_____。さいこう気温 (high temperature) は
きおん
_____。

2. モスクワは_____。さいてい気温 (low temperature) は
きおん
_____。_____から、つよい風が_____。
かぜ

3. シドニーは_____。午後には雨が_____
ごご
でしょう気温が 32°C まで_____ので、とても暑いです。
きおん　　　　　　　　　　　　　　　　　　　　　　　　　　あつ
よわい_____風があります。
かぜ

B. Answer the following questions in Japanese.

1. おきなわと東京<ruby>とうきょう</ruby>とどちらの方があたたかいですか。

_____

2. 今、ニューヨークはどんな天気<ruby>てんき</ruby>だとおもいますか。

_____

3. 東京<ruby>とうきょう</ruby>ではふゆにたくさん雪<ruby>ゆき</ruby>がつもるとおもいますか。

_____

4. 今、何月ですか。

_____

5. 今、気温<ruby>きおん</ruby>は何度<ruby>ど</ruby>ぐらいですか。

_____

6. アメリカの南<ruby>みなみ</ruby>にどんなくに (country) がありますか。

_____

7. ロサンゼルスはどこにありますか。(Use the appropriate direction word.)

_____

Expressing ongoing and repeated actions using the て-form of verbs +いる

Look at the following drawing and describe what they are doing.

Example   Aさんは<u>テレビを見ています。</u>

1. B さんは _____。

2. C さんは _____。

3. E さんは _____。

4. G さんは _____。

5. I さんは _____。

6. J さんは _____。

7. K さんは _____。

8. L さんは _____。

9. P さんは _____。

10. R さんは _____。

B. Answer the following questions in Japanese.

1. 今、何をしていますか。

_____

2. 昨日のごご十時半ごろ何をしていましたか。
   きのう

_____

3. 今、（〜さんの）お父さん／お母さんは何をしているとおもいますか。

_____

4. さいきん、よくうんどうをしていますか。

_____

5. 今、めがねをかけていますか。

_____

6. 今、そとは雨がふっていますか。
          あめ

_____

Plain past forms and casual speech

Complete the following chart.

lain Present ffirmative dictionary form)	Plain Present Negative Form	Plain Past Affirmative Form	Plain Past Negative Form
起きる	起きない	起きた	起きなかった
る			
食べる			
む			
行く			
る			
る			
聞く			
およぐ			
作る			
ある			
上がる			
つづく			
る			
ふく			

B. Complete the following chart.

Plain Present Affirmative Form	Plain Present Negative Form	Plain Past Affirmative Form	Plain Past Negative Form
しろい	しろくない	しろかった	しろくなかった
冷たい つめ			
晴れ は			
きれい			
いい			
上手			
あたたかい			
いや			

C. Write your answer to each of the following questions, using 〜んです for reasons.

■ Example　高校の時 (when)、よく何をしましたか。どうしてですか。
　　　　　　よく山に行きました。キャンプをするのが好きだったんです。

1. 高校の時、どんな外国語 (foreign language) をべんきょうしましたか。
　どうしてですか。

　　_____

2. どうしてこの大学に来たんですか。

　　_____

3. 子供の時、よく何をしましたか。どうしてですか。

　　_____

4. 子供の時、何をするのがきらいでしたか。どうしてですか。

　　_____

5. どうして日本語をべんきょうしているんですか。

　　_____

Complete the following sentences using plain past forms.

1. 去年のふゆは _____ おもいます。
きょねん

2. 先週の日本語のテストは _____ おもいます。

3. 昨日は天気 _____ から、出かけませんでした。
きのう　てんき

4. あのレストランは _____ けど、あまりおいしくなかったんです。

5. 昨日のばんはとても _____ から、コートをきました。
きのう

6. 一昨日友達と _____ カフェは、新しくて よかったです。
おととい　だち

7. 昨日大学の本屋で _____ 本は、高かったです。
きのう　や

Change the underlined words into casual speech using plain forms. Remember the question marker か and the copula verb/na-adjective だ are omitted in questions.

1. A: 休みは<u>どうでしたか</u>。

B: <u>おもしろかったですよ</u>。友達と一緒に旅行に<u>行きました</u>よ。
だち　　　　しょ　りょ

A: それは<u>よかったです</u>ね。今度旅行のしゃしんを<u>見せて下さい</u>ね。
どりょ

2. A: 今、そとは<u>どんな天気ですか</u>。
てんき

B: とても<u>寒いです</u>よ。雪が<u>ふっています</u>よ。
さむ　　　　ゆき

A: <u>そうですか</u>。昨日はあまり<u>寒くありませんでした</u>けど、今日は
きのう　　　　さむ

気温が<u>下がったんです</u>ね。
きおん　さ

3. A: 今週、テストが<u>ありますか</u>？

B: 今週は<u>ありませんけど</u>、先週、日本語のテストが<u>ありました</u>よ。

A: <u>やさしかったですか</u>？

B: <u>いいえ</u>、とてもながくて<u>大変</u>でしたよ。
<small>へん</small>

4. A: 今週の週末、<u>ひまですか</u>。

B: <u>はい、ひまですけど</u>。

A: じゃあ、一緒にえいがを見に<u>行きませんか</u>。
<small>しょ</small>

B: <u>いいですよ</u>。

. Describing characteristics of places, objects, and time using 〜は〜が

Fill in the blanks with appropriate words to complete the sentences using 〜は〜が.

Example　オーストラリアは人が<u>少ないです。</u>
<small>すく</small>

1. ロサンゼルスは雨が _____。
<small>あめ</small>

2. シカゴは風が _____。
<small>かぜ</small>

3. 東京は人が _____。
<small>とうきょう</small>

4. 八月は _____ が _____。

5. ロンドンは _____ が _____。

Answer each question using 〜は〜が.

Example　パリは何がゆうめいですか。
　　　　　<u>パリはエッフェルとうがゆうめいです。</u>
　　　　　　　　（エッフェルとう = *Eiffel Tower*）

1. 〜さんのまちは何がゆうめいですか。

_____

2. 〜さんが好きなレストランは何がおいしいですか。

_____

3. 日本語は何がむずかしいとおもいますか。

_____

4. 東京はどのきせつが一番いいとおもいますか。どうしてですか。
<small>とうきょう</small>

_____

C. Describe the weather conditions in the following cities, and give other information about them. Use the following climate charts as well as your own knowledge of the cities. The stacked bars at the bottom of the charts indicate precipitation for each month, and the lines the top of the charts show average temperature by month in Centigrade. Remember that 0 degrees Centigrade is equivalent to 32 degrees Fahrenheit.

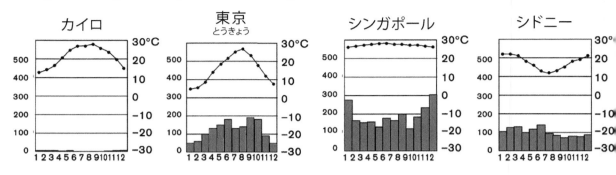

■ Example　シドニー
シドニーは一月が暑くて、七月が寒いです。
シドニーはオペラハウスがゆうめいです。

1. カイロ

_____

_____

2. 東京
とうきょう

_____

_____

3. シンガポール

_____

_____

V. Expressing manner of action or outcome of a change using the adverbial forms of adjectives and noun + に

Fill in the blanks with the appropriate form of an adjective.

1. （図書館で）　　A: もう少し _____ 話して下さい。

　　　　　　　　B: はい、すみません。

2. A: あっ、時間がありませんね。_____ あるきましょう。

　　B: はい。

3. 先生： このかんじは読めない (cannot read) ので、もっと _____
　　　　書いて下さい。

　　学生： 分かりました、すみません。

4. テニスを毎日したから、_____ なりました。

5. 山田さんは少しふとって、かおが _____ なりました。

6. コンピュータが _____ なったから、新しいのを買いました。

7. 北西から風が _____ ふいているから、今晩は雨になりそうです。

B. Answer the following questions about the town where you currently live.

■ Example 何月ごろ寒(さむ)くなりますか。

<u>十月ごろ寒(さむ)くなります。</u>

1. なつは何時ごろあかるくなりますか。何時ごろくらくなりますか。

_____

2. ふゆは何時ごろあかるくなりますか。何時ごろくらくなりますか。

_____

3. なつは何度(ど)ぐらいになりますか。

_____

4. ふゆは何度(ど)ぐらいになりますか。

_____

Expressing uncertainty using 〜でしょう, 〜かもしれない and かな

Look at the chart. Describe the weather for each city using 〜でしょう。

明日の 天気 気温	札幌 さっぽろ	東京 とうきょう	大阪 おおさか	広島 ひろしま	那覇 なは
天気 てんき					
気温 きおん	-2/-10° C	7/2° C	5/2° C	5/0° C	18/12° C

Example 大阪は明日くもり時々晴れでしょう。
      おおさか あした   ときどき は

      気温は二度まで下がるでしょう。
      きおん ど さ

1. さっぽろ

_____

_____

2. 東京
    とうきょう

_____

_____

3. ひろしま

_____

_____

4. なは

_____

_____

B. Look at the chart in A above, and complete the sentences in the dialogues using 〜でしょ
そうです or かな.

■ Example　上田：　ななは明日雨がふるでしょうか。

　　　　　　大川：　ええ、あさはくもっているけど、ごごは雨がふりそうですよ。

1. 上田：　大阪は明日どんな ＿＿＿＿＿＿＿＿＿＿＿＿＿＿＿＿。

　　　大川：　くもりだけど、ときどき晴れそうですよ。

2. 中本：　ひろしまは明日 ＿＿＿＿＿＿＿＿＿＿＿＿＿＿＿＿。

　　　大田：　ええ、天気よほうによると (according to) さいこう気温 (highest
temperature) が五度ぐらいだから、ちょっと寒いかもしれませんね。

3. 金田：　さっぽろは明日雪 ＿＿＿＿＿＿＿＿＿＿＿＿＿＿＿＿。

　　　小山：　ええ、あさはくもりだけど、ごごは ＿＿＿＿＿＿＿そうですよ。

4. 田中：　東京は明日 ＿＿＿＿＿＿＿＿＿＿＿＿＿＿＿＿＿＿＿。

　　　山本：　ううん、明日はふりそうにないよ。かさはいらないね。

Complete each conversational exchange based on the drawings.

1 山田

2

3

4

5 田中

6 小川

1. A: 山田さんはとても _____ そうですね。

 B: そうですね。今晩のパーティには _____ かもしれませんね。
　　　　　　　　　ばん

2. A: あのレストランは人が _____ ねえ。

 B: ええ、きっと (*surely*) _____ んでしょうね。

3. A: あの人は日本語 _____ でしょうか。

 B: ええ、日本語の教科書 _____ から、
　　　　　　　　きょう か
　　分かるかもしれませんね。

4. A: 今日は寒いですねえ。
　　　　　　さむ
 B: そうですね。くもがたくさんあるから、今晩は _____
　　　　　　　　　　　　　　　　　　　　　　　　ばん
　　かもしれませんね。

5. A: 田中さんは _____ 上手なんですね。

　　バスケットボール _____ でしょうか。

 B: ええ、たぶん _____ でしょうね。

6. A: あれ？ 小川さん、_____ そうだねえ。(ねむい = *sleepy*)

 B: しゅくだいが大変で、昨日 _____ かもしれないね。
　　　　　　　　　　　へん　　きのう

·うごうれんしゅう Integration

Complete the sentences in the following conversation, using the extended weather forecast shown below. Use でしょう instead of です／ます form to make the questions more polite, if applicable.

	10/15 月	10/16 火	10/17 水	10/18 木	10/19 金	10/20 土	10/21 日
天気	☂	☁☂	☀	☀	☀☁	☂	☁☂
温（℃）	10/5	15/8	20/12	25/18	18/15	15/11	14/11

今は十月十五日の月曜日のよるです。

A: 今日は寒かったですね。

B: そうですね。雨もたくさん _____ ね。

A: そうですね。今日はかさが _____ ので、大変でした。
へん
明日も雨が _____ か。
あした

B: ええ、明日も _____ そうですよ。でも、明後日は _____ でしょ
あした　　　　　　　　　　　　　　　　　　　　　あさって
う。気温も _____ そうです。

A: そうですか。木曜日もいい天気に _____。

B: ええ、木曜日も晴れで、とてもあたたかい _____。

A: 何度ぐらいに _____。

B: そうですね。_____ かもしれませんね。

A: いいですね。週末もいい天気でしょうか。友達とドライブ _____
だち
たいんですよ。

B: ざんねんだけど、あまり _____ そうですよ。
金曜日は _____ けど、土曜日から雨 _____。

A: そうですか。じゃあ、ドライブよりデパート _____ 方が
よさそうですね。

B: そうですね。

B. Look at the following weather forecast and answer はい／いいえ for each statement.

明日　一月九日の天気
あした

	ホノルル	ロサンゼルス	マイアミ	ミネアポリス	ボストン
天気	晴れ	曇りのち晴れ くも	雨のち曇り くも	晴れ時々曇り くも	曇り くも
気温　℃	29/20	18/10	27/17	4/-7	5/-2
降水確率 こうすいかくりつ (*probability of precipitation*)	0%	10%	90%	5%	10%

(　　　)　ホノルルもマイアミも一月でもかなり (*fairly*) 気温が高いが、ホノルルの方が少し暑そうだ。

(　　　)　今ハワイを旅行している人は、明日、かさがいるだろう。
りょ　　　　　　　　あした

(　　　)　天気予報によると、ボストンやミネアポリスよりロサンゼルスの方がずっとあたたかそうだ。
よほう

(　　　)　マイアミで泳ぎたいと思っている人は、明日海 (*ocean*) に行くのがいいだろう。
およ　　　おも　　　　　　　　あしたうみ

(　　　)　ミネアポリスでは、明日たくさん雪が降るかもしれないので、ドライブは大変かもしれない。
あした　　　　　　ふ　　　　　　　　　へん

書くれんしゅう Writing Practice

Look at the chart on pp. 465-466 of your textbook and write each kanji ten times using the handwritten style.

天気雨雪風晴温支東西南北寒暑多

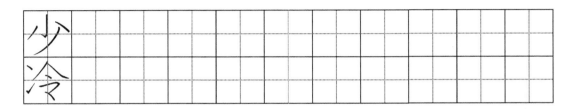

B. Rewrite each sentence using **kanji, hiragana,** and **katakana.**

1. しゅうまつのしあとるのてんきは　はれのちあめでしょう。

_____

2. きのうよりきおんがごどぐらいあがって、すこしあつくなりました。

_____

3. ことしのふゆは　ゆきがおおくて、さむくなるかもしれません。

_____

4. いんでぃあなしゅうは　みしがんしゅうのなんせいに　あります。

_____

5. こんばん　ほくとうから　かぜが　ふくそうです。

_____

6. まちのひがしにあるかわのみずは　つめたいです。

_____

ラボのれんしゅう Lab Activities

Part 1: Vocabulary

Please turn to the vocabulary list on pp. 424–426 of your textbook and repeat each word or phrase you hear.

Part 2: Speaking and Listening Comprehension Activities

Expressing ongoing and repeated actions using the て -form of verbs +いる

Look at the drawing and listen to each statement. Circle はい for statements that are true and いいえ for those that are false.

You hear: A さんは寝ています。

You circle: いいえ because A is not sleeping.

1. はい　　いいえ　　**5.** はい　　いいえ

2. はい　　いいえ　　**6.** はい　　いいえ

3. はい　　いいえ　　**7.** はい　　いいえ

4. はい　　いいえ

🔊 B. Look again at the drawing in A. Answer each question, then write your answer in the space provided.

■ You hear:　だれがテレビを見ていますか。

You say:　　Ａさんが見ています。

You hear:　　Ａさんが見ています。

You write:　Ａさんが見ています。

1. _____

2. _____

3. _____

4. _____

5. _____

6. _____

7. _____

Plain past forms and casual speech

Look at the pictures below. Listen to each of the following verbs and say it in both the plain present and plain past affirmative forms. You will then hear the correct response. Please repeat what you hear.

You hear:　　食べます

You say:　　食べる／食べた

You hear:　　食べる／食べた

You repeat:　食べる／食べた

  2  3 4 5 6

 8 9 10 11 12

 14 15 16 17 18

Listen to each of the following expressions and change it to the plain past form. You will then hear the correct response. Repeat and then write the correct response.

You hear:　　　　　　　おもしろかったです

You say:　　　　　　　おもしろかった

You hear:　　　　　　　おもしろかった

You repeat and write:　<u>おもしろかった</u>

1. _____

2. _____

3. _____

4. _____

5. _____

6. _____

7. _____

8. _____

9. _____

10. _____

11. _____

🔊 12. _____

C. Listen to the following exchanges and complete the sentences by writing the correct reason, using 〜んです. Stop the audio as necessary.

■ You hear:　A: どうして家に帰ったんですか。

　　　　　　　B: テストのべんきょうがあったからです。

You see:　田中さんは家に帰りました。_____ んです。

You write:　テストのべんきょうがあったんです。

1. 子供の時 (when)、スポーツをしませんでした。
　　<ruby>子供<rt>ども</rt></ruby>の<ruby>時<rt>とき</rt></ruby>
　　_____ んです。

2. 昨日、本屋で日本語の本を買いませんでした。
　　<ruby>昨日<rt>きのう</rt></ruby>、本<ruby>屋<rt>や</rt></ruby>
　　_____ んです。

3. 去年コートを買いました。
　　<ruby>去年<rt>きょねん</rt></ruby>
　　_____ んです。

4. 明日びょういんに行きます。
　　<ruby>明日<rt>あした</rt></ruby>
　　_____ んです。

5. 先週きょうとに行きました。
　　_____ んです。

. Describing characteristics of places, objects, and time, using 〜は〜が

Look at the following climate charts. Listen to each statement and figure out which city is being described. Use both the charts and your own knowledge of the cities. The stacked bars at the bottom of the charts indicate precipitation for each month, and the lines at the top of the charts show average temperature each month in Centigrade. Remember that 0 degrees Centigrade is equivalent to 32 degrees Fahrenheit.

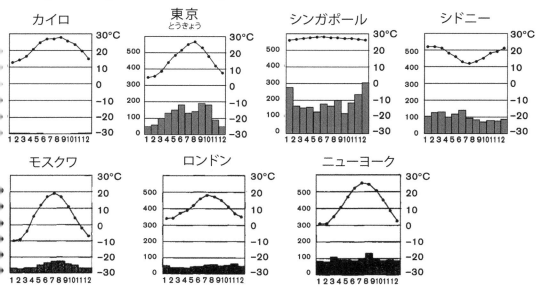

You hear: このまちは雨がとても多いです。

You write: <u>シンガポール</u>

1. _____

2. _____

3. _____

4. _____

5. _____

🔊 B. Write your own answer to each of the following questions.

<u>ことばのリスト</u>

せかい　world

■　You hear:　アメリカで一番雨が多いまちはどこですか。
あめ　　おお

　　You write:　<u>シアトルだとおもいます。</u>

1. _____

2. _____

3. _____

4. _____

5. _____

✔. Expressing manner of action or outcome of a change using the adverbial forms of adjectives and noun + に

Say the correct adverbial form of each adjective, and connect it to the verb you hear. Then write it down.

You hear: 大きい／なる

You say: 大きくなります

You hear: 大きくなります

You write: <u>大きくなります</u>

1. _____

2. _____

3. _____

4. _____

5. _____

6. _____

7. _____

B. Choose the drawing that matches each statement you hear and write the corresponding letter

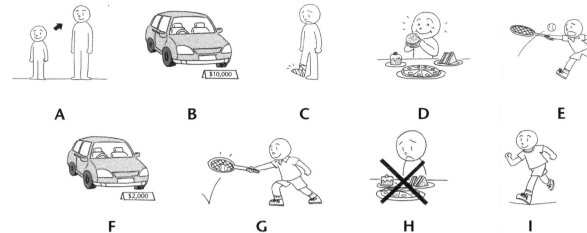

A   B   C   D   E

F   G   H   I

■ You hear:　山田さんの弟さん、ずいぶん (*fairly*) 大きくなったね。

You choose and write:　A

1. _____

2. _____

3. _____

4. _____

Expressing uncertainty using 〜でしょう, 〜かもしれない and かな

Answer each question using 〜でしょう.

1. _____

2. _____

3. _____

4. _____

Answer each question using 〜かもしれません.

<u>ことばのリスト</u>

しょうらい　　in the future

1. _____

2. _____

3. _____

4. _____

art 3: Dict-a-Conversation

_ou (Smith) are going to school. You meet Mr. Yamada outside of your house.

山田： _____

スミス： _____

山田： _____

スミス： _____

山田： _____

スミス： _____

山田： _____

Chapter 12
だい十二か

Annual Events

年中行事
ねんじゅうぎょうじ

Workbook Activities

語のれんしゅう   Vocabulary Practice

Write the following dates in **hiragana**.

Example   4/10   しがつ とおか

1. 1/15 _____   **6.** 9/1 _____

2. 2/3 _____   **7.** 12/8 _____

3. 3/20 _____   **8.** 8/14 _____

4. 7/6 _____   **9.** 6/2 _____

5. 10/7 _____   **10.** 4/9 _____

Fill in each blank with the correct date, month, and year using **hiragana**.

Example   今日は<u>さんがつじゅうよっかです。</u>

1. 今日は _____。

2. 昨日は _____。
きのう

3. 明日は _____。
あした

4. 私の誕生日は _____。
たんじょう

5. クリスマスは _____。

6. アメリカのどくりつ記念日 (*Independence Day*) は
きねんび
_____。

7. 今月は _____。
こんげつ

8. 来月は ＿＿＿＿＿＿＿＿＿＿＿＿＿＿＿＿＿＿＿。
   らいげつ

9. 今年は ＿＿＿＿＿＿＿＿＿＿＿＿＿＿＿＿＿＿＿＿＿。

10. 一昨年は ＿＿＿＿＿＿＿＿＿＿＿＿＿＿＿＿＿＿＿。
    おととし

C. Answer the following questions in Japanese.

1. 夏休みは何か月ぐらいありますか。
   なつ　　　　　げつ

＿＿＿＿＿＿＿＿＿＿＿＿＿＿＿＿＿＿＿＿＿＿＿＿＿＿

2. 冬休みは何週間ぐらいありますか。
   ふゆ

＿＿＿＿＿＿＿＿＿＿＿＿＿＿＿＿＿＿＿＿＿＿＿＿＿＿

3. 去年のクリスマスの休みにどこに行きましたか。そこに何日ぐらい
   きょねん
   いましたか。

＿＿＿＿＿＿＿＿＿＿＿＿＿＿＿＿＿＿＿＿＿＿＿＿＿＿

4. 一学期は何か月ありますか。
   がっき　　　げつ

＿＿＿＿＿＿＿＿＿＿＿＿＿＿＿＿＿＿＿＿＿＿＿＿＿＿

5. 先月何回ぐらいえいがを見ましたか。
   せんげつ　　かい

＿＿＿＿＿＿＿＿＿＿＿＿＿＿＿＿＿＿＿＿＿＿＿＿＿＿

6. 去年、何度ぐらい飛行機にのりましたか。
   きょねん　　　　　　　ひこうき

＿＿＿＿＿＿＿＿＿＿＿＿＿＿＿＿＿＿＿＿＿＿＿＿＿＿

7. 去年の誕生日に何かもらいましたか。
   きょねん　たんじょう

＿＿＿＿＿＿＿＿＿＿＿＿＿＿＿＿＿＿＿＿＿＿＿＿＿＿

8. よくけんかをしますか。だれとしますか。

＿＿＿＿＿＿＿＿＿＿＿＿＿＿＿＿＿＿＿＿＿＿＿＿＿＿

Talking about time using noun/adjective + 時, duration+ 前／後
とき   まえ ご

Complete the following statements using noun/adjectives + 時.
とき

1. _____ 時、プールでおよぎます。
とき

2. _____ 時、友達にメールを書きます。
とき だち

3. _____ 時、はじめてデートをしました。
とき

4. _____ ない時、よく友達とえいがを見ます。
とき だち

5. _____ 時、一人で (by oneself) なくかもしれません。
とき ひとり

6. _____ 時、時間がないからあまり寝ないでしょう。
とき

Answer the following questions in Japanese using duration + 前／後.
まえ ご

1. 夏休みは何か月後ですか。
なつ げつご

_____

2. 何年前に高校をそつぎょうしました (graduated) か。
まえ

_____

3. いつ雨がふりましたか。

_____

4. いつご両親の家に帰りますか。

_____

Talking about past experiences using 〜たことがある; listing representative activities using 〜たり〜たりする

Write a sentence stating whether you have or have never done each of the following activities.

Example　スペインに行く
　　　　スペインに行ったことがあります。 or
　　　　スペインに行ったことがありません。

1. きものをきる

_____

2. かぶきを見る

_____

3. たくさんの人の前でうたをうたう

_____

4. ゆうえんちでジェットコースター (*roller coaster*) にのる

_____

5. えいがを見て、なく

_____

You are looking for a pen pal. Ask five questions about activities that the person may or may not have done before.

Example　スキーをしたことがありますか。

1. _____

2. _____

3. _____

4. _____

5. _____

C. Complete each of the following sentences, using ～たり～たりする.

■ Example　A: 朝たいてい何をしますか。
　　　　　　　あさ
　　　　　　B: そうですね。新聞を読んだりラジオを聞いたりします。

1. A: ひまな時、よく何をしますか。
　　　　　とき
　 B: そうですね。たいていテレビ ＿＿＿＿＿＿＿ 本 ＿＿＿＿＿＿＿＿＿
　　 しますね。

2. A: 高校の時、どんなことをよくしましたか。
　　　　　とき
　 B: そうですね。デート ＿＿＿＿＿＿ フットボールを見に ＿＿＿＿＿＿
　　 しました。

3. A: 春休みにどこかに行きますか。
　　　はる
　 B: ええ、友達の家にあそびに行きます。友達と一緒にうみで
　　　　　だち　　　　　　　　　　　　　　　だち　しょ
　　 ＿＿＿＿＿＿＿＿＿ おいしいもの ＿＿＿＿＿＿＿ したいです。

4. A: 週末、どんなことをしたの？
　 B: ルームメートと一緒にコーヒー ＿＿＿＿＿＿＿ カラオケで
　　　　　　　　　　しょ
　　 うた ＿＿＿＿＿＿＿ したんだ。たのしかったよ。

5. 学生：田中先生は冬休みにもしごとがたくさんありますか。
　　　　　　　　　ふゆ
　 先生：ええ、テスト ＿＿＿＿＿＿＿ レポート (report) ＿＿＿＿＿＿
　　　　 するから、とてもいそがしいんですよ。

Write your answer to each of the following questions, using 〜たり〜たりする.

Example　小さい時によくどんなことをしてあそびましたか。
　　　　　とき

　　　　　<u>ゲームをしたりこうえんであそんだりしました。</u>

1. 小学生の時によくどんなことをしてあそびましたか。
　　　　　とき

_____

2. さびしい時に一人で (*by yourself*) よく何をしますか。
　　　　とき　　ひとり

_____

3. 冬休みに家族とどんなことをしましたか。
　　ふゆ

_____

4. ひまな時、何をしたいですか。
　　　　とき

_____

5.（〜さんの）日本語の先生は、今週の週末どんなことをすると思いますか。
　　　　　　　　　　　　　　　　　　　　　　　　　　　　　　おも

_____

. Expressing frequency using time-span に frequency / duration / amount

swer the following questions using 〜に〜ぐらい.

Example 　一日に何時間ぐらいべんきょうしますか。
　　　　　一日に三時間ぐらいべんきょうします。

1. 一か月に何回ぐらいパーティに行きますか。
　　　げつ　　かい

_____

2. 日本語のじゅぎょうは一週間に何時間ぐらいありますか。

_____

3. よくうんどうをしますか。どのぐらいしますか。

_____

4. よく本を読みますか。一か月に何さつぐらい読みますか。
　　　　　　　　　　　げつ

_____

5. よくくだもの（りんご、オレンジ、バナナ etc.）を食べますか。
　　一週間にいくつぐらい／何本ぐらい食べますか。

_____

6. 一日にどのぐらい寝たいですか。

_____

V. Expressing hearsay using the plain form + そうだ

Read the following paragraph. Write sentences that report what you have read, using
そうです(hearsay).

さい時、私の家には大きいいぬがいました。名前はポチでした。私は
チがとても好きでした。だから、毎日一緒にこうえんに行きました。よく
族とドライブもしました。そして、旅行の時もポチは一緒に来ました。でも、六
生の時にポチはしにました (died)。とてもかなしかったけど、私はなきませんで
た。今、両親の家にはねこがいます。なまえはタマで、とても元気です。

Example　この人の家には<u>大きいいぬがいたそうです。</u>

名前は _____

この人は _____

だから、毎日一緒に _____

よく家族と _____

そして、旅行の時も _____

六年生の時に _____

とてもかなしかったけど、_____

今、両親の家には _____

とても _____

Complete the following sentences with the appropriate phrases.

1. ニュースによると (*according to*)_____
そうです。

2. 天気予報によると _____ そうです。

3. _____ さんによると _____
そうです。

C. Complete the following sentences using either そう (hearsay) or そう (seems). Circle the one you have chosen.

1. 天気予報によると、
   よほう
   明日はいい天気に ＿＿＿＿＿＿＿＿＿＿＿。 (hearsay / seems)
   あした

2. 今日の日本語のしゅくだいをちょっと見たんですが、ながくて
   とても ＿＿＿＿＿＿＿＿＿＿＿。 (hearsay / seems)

3. 昨日テレビで見たんですが、大統領 (the President) がこのまちに
   きのう   だいとうりょう
   ＿＿＿＿＿＿＿＿＿＿＿＿。 (hearsay / seems)

4. 本田さんによると、山本さんはテストがたくさんあって、今週とても
   ＿＿＿＿＿＿＿＿＿＿＿。 (hearsay / seems)

5. ほし (star) がたくさん見える (are visible) から、
   明日は雨が ＿＿＿＿＿＿＿＿＿＿＿。 (hearsay / seems)
   あした

6. 「このケーキ、私が作ったんだ。どうぞ、食べて。」
   「わあ、ありがとう。＿＿＿＿＿＿＿＿＿＿ね。」 (hearsay / seems)

Using noun modifying clauses in the past and present

Write a question that fits each of the following answers using noun modifying clauses.

Example スミスさんは昨日(きのう)そのレストランに行きました。

A: 昨日(きのう)スミスさんが行ったレストランは、どんなレストランで
したか。

B: 和食(わ)のレストランです。

1. 昨日(きのう)パーティでその人に会いました。

A: _____ 人はどんな人でしたか。

B: せがとても高い人でした。

2. 子供の時(ども とき)、それをあまり食べませんでした。

A: _____ ものは何ですか。

B: たまごです。

3. お母さんは去年(きょねん)そのくるまを買いました。

A: _____ くるまはどんなくるまですか。

B: トヨタのカローラです。

4. 中学の時(とき)、そのおんがくをよく聞きました。

A: _____ おんがくはどんなおんがくですか。

B: ロックです。

5. 鈴木(すず)さんは子供の時(ども とき)、その人が好きでした。

A: _____ 人はだれ？

B: 川口さんだよ。

6. 子供の時(ども とき)、その人はやせていました。

A: _____ 人はだれですか。

B: リーさんです。

B. Write four short paragraphs comparing your childhood and adult habits regarding the topics listed, using noun modifying clauses. Try to use both affirmative and negative forms. It is not necessary to put a rectangle around each modified noun as is done in the example

■ Example　食べる／もの

私が小さい時よく食べたものはチョコレートやアイスクリームです。あまり食べなかったものはやさいです。でも、今よく食べるものはやさいやくだものです。そして、今あまり食べないものはハンバーガーやステーキです。

1. 好き／スポーツ

_____

_____

_____

2. 行く／ところ

_____

_____

_____

3. 見る／テレビばんぐみ (program)

_____

_____

_____

4. 飲む／もの

_____

_____

_____

とうごうれんしゅう Integration

Read the following letter from 大木さん to スミスさん and answer the questions.

前略
りゃく

　スミスさん、ごぶさたしていますが、お元気でおすごしですか。東京は毎日い
とうきょう

い天気がつづいていますが、大阪の天気はどうでしょうか。大学のじゅぎょうは
おおさか

いそがしいですか。

　先月一週間休みがとれたので、友達二人といっしょに沖縄に旅行に行って
だち　　　　　　　　　　　　おきなわ　りょ

きました。オフシーズンだったので、静かでとてものんびりできました。私は沖縄
しず　　　　　　　　　　　　　　　　　　　　おきなわ

は初めてだったんですが、友達のさとうさんは四回も行ったことがあるそうです。
はじ　　　　　　だち

沖縄は九州 (Kyushu Island) の南にあるので、九州や本州 (Honshu Island) のまちより
なわ　きゅうしゅう　　　　　　　　　　きゅうしゅう　　　ほんしゅう

ずっと気温が高いです。人がぜんぜんいないビーチでおよいだり、そこで

バーベキューをしたりしました。この旅行では時間がなくてしなかったので、今度
りょ

行く時には、ダイビングをしたいと思います。海の中にいるきれいな魚を
うみ　　　　　　　　　　さかな

見たいんです。スミスさんはダイビングをしたことがありますか。

　それでは、またメールか手紙を書きます。スミスさんもどうぞお元気で。
がみ

草々
そうそう

十一月十五日　　　　　大木洋子
ようこ

1. 大木さんはどこに住んでいるでしょうか。
す

_____

2. スミスさんはどこに住んでいるでしょうか。
す

_____

3. What does そこ refer to?

そこ = _____

4. Underline the modifying clauses for ビーチ and 魚 .
さかな

5. ○ X をつけなさい (*put*)。（○ =True, X=False）

(   ) 大木さんは一人で沖縄に行った。

(   ) 大木さんは、この旅行の前に沖縄に行ったことがある。

(   ) さとうさんは、この旅行の前に沖縄に行ったことがある。

(   ) 九州は沖縄の北にある。

(   ) ビーチにはたくさん人がいた。

(   ) 大木さんはダイビングをした。

(   ) 大木さんは十一月に沖縄に行った。

B. Write short paragraphs describing the best and/or worst trips you have ever taken.
   (一番いい旅行／一番ひどい (*horrible*) 旅行)

   Try to use as many of the following grammar structures as possible.
   ☐ 〜たり〜たり
   ☐ 〜たことがある
   ☐ 〜んです
   ☐ noun-modifying clauses
   ☐ frequency expressions
   ☐ 〜たい／ほしい
   ☐ 〜ている
   ☐ 〜でしょう／かもしれません
   ☐ そう(seems)
   ☐ そう(hearsay)
   ☐ Comparison
   ☐ Double particles...では、でも、とは、etc.
   ☐ 〜ので／から、〜
   ☐ 〜が／けど、〜
   ☐ Conjunctions...そして、でも、それから、たとえば、そのあとで (*after that*)、
      その時 (*at that time*)、だから (*therefore*)

私はニューヨークに行ったことがあります。２００５年の夏でした。とても
たのしい旅行でした。ニューヨークでは買いものに行ったりミュージカルを
見たりしました。… それから…。そのあとで…。でも、去年のロサンゼルスの
旅行はひどかったんです。その時は…。

（りょ）

（りょ）

_____

_____

_____

_____

_____

_____

_____

_____

書くれんしゅう　**Writing Practice**

Look at the chart on pp. 509–511 of your textbook and write each kanji ten times using the handwritten style.

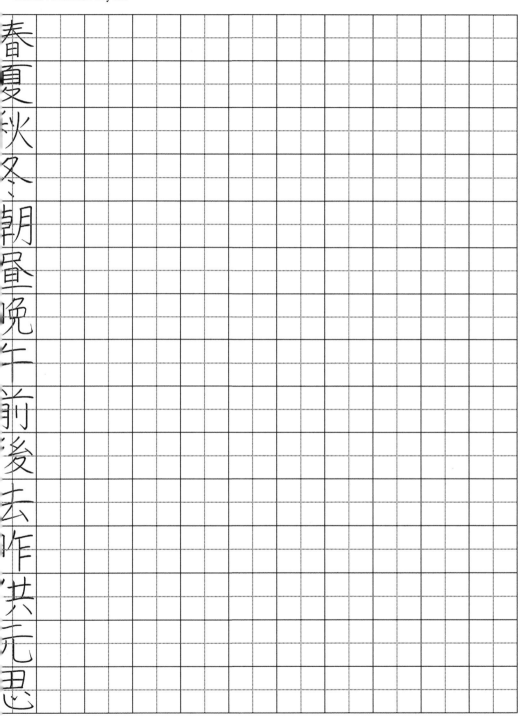

春夏秋冬朝昼晩午前後去作共元思

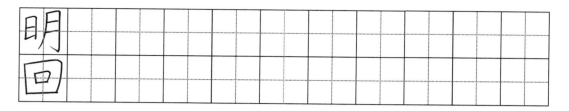

B. Rewrite each sentence using **kanji**, **hiragana**, and **katakana**.

1. なつは、ひる　きおんがあがって、とてもあつくなります。

_____

2. きのうのばん、ごごじゅうじはんごろ　じょんそんさんにあいましたが、
げんきでした。

_____

3. こどものとき、ふゆ　よく　すけーとをしました。

_____

4. きょねんのはる、にほんにいきました。

_____

5. いっしゅうかんに　よんかいぐらい　かぞくとすかいぷではなします。

_____

6. いま、あさろくじごろ　あかるくなります。

_____

7. よねんまえのあき、かぶきをみました。とても　きれいだと
おもいました。

_____

ラボのれんしゅう **Lab Activities**

art 1: Vocabulary

ase turn to the vocabulary list on pp. 472–473 of your textbook and repeat each word or
rase you hear.

art 2: Vocabulary Practice

Listen to each short exchange, then write the date or time expression in English.

You hear:　A: 何時に起きたんですか。

　　　　　　B: 八時に起きました。

You write:　<u>8 o'clock</u>

1. _____

2. _____

3. _____

4. _____

5. _____

6. _____

Part 3: Speaking and Listening Comprehension Activities

I. Talking about time using noun/adjective + 時_{とき} , duration + 前_{まえ}／後_ご

🔊 A. Listen to the monologue and answer the following questions.

1. この人は、ひまな時_{とき}、何をするのが好きですか。 (Write your answer in Japanese)

_____

2. 休みはいつでしたか。

in January

one month ago

one week ago

3. どのぐらい友達_{だち}のアパートにいましたか。

four days

five days

eight days

4. どのぐらいホテルにいましたか。

three days

four days

six days

5. どのぐらいレストランに行きましたか。

two times

three times

four times

6. 今度の休みはいつですか。

in October

three months from now

six months from now

7. 休みはどのぐらいでしょうか。

six days

one week

ten days

Talking about past experiences using 〜たことがある; listing representative activities using 〜たり〜たりする

Listen to each of the following dialogues, followed by a question. Answer, using はい or いいえ, based on what you heard. Stop the audio as necessary.

You hear:　A: スミスさんは日本に行ったことがありますか。

　　　　　　B: いいえ、ありません。

　　　　スミスさんは日本に行ったことがありますか。

You write:　<u>いいえ、ありません。</u>

1. _____

2. _____

3. _____

4. _____

5. _____

6. _____

You are an elementary school administrator. You are looking for a teacher who speaks English fluently and likes small children and sports. Listen to four interviews and circle the names of the candidates who meet each qualification. After listening to the interviews, choose the best candidate.

eaks English fluently	山田さん	山本さん	本田さん	田口さん
kes small children	山田さん	山本さん	本田さん	田口さん
kes sports	山田さん	山本さん	本田さん	田口さん
st Candidate	山田さん	山本さん	本田さん	田口さん

. Expressing frequency, using time-span に frequency / duration / amount

Listen to several people talk about their habits, then write in English the frequency/duration/ amount and time frame, and what the activity is.

You hear: えいがを二週間に一度見ます。

You write: <u>once every other week</u>   <u>watching movies</u>

1. _____   _____

2. _____   _____

3. _____   _____

4. _____   _____

5. _____   _____

6. _____   _____

V. Expressing hearsay using the plain form + そうだ

Listen to the following exchanges and complete each sentence in writing, using そうです.
Stop the audio as necessary.

You hear:　A:　山田さんは昨日何をしましたか。
　　　　　　　　　きのう

　　　　　　　B:　しゃしんをとりにうみに行きました。

You see:　　山田さんは　　and a blank line

You write:　山田さんは<u>しゃしんをとりにうみに行ったそうです。</u>

1. スミスさんは _____

2. 田中さんは _____

3. 鈴木さんは _____
　　　すず

4. ブラウンさんは _____

5. キムさんは _____

6. 川口さんは _____

V. Using noun-modifying clauses in the past and present

🔊 A. Listen to each of the following exchanges, then look at the accompanying statement. If the statement is true, circle はい; if it is false, circle いいえ.

■ You hear: A: 昨日食べたおすしはどうでしたか。
きのう

B: とてもおいしかったですよ。

You see: 昨日おいしいおすしを食べました。　はい　　　いいえ
きのう

You circle: (はい)　because the speakers said that the sushi they ate yesterday was good.

1. 山田さんはシカゴのはくぶつかんに行きました。　　　はい　　　いいえ

2. 田中さんは子供の時、よくそとであそびました。　　　はい　　　いいえ
とき

3. スミスさんはリーさんが好きでした。　　　　　　　　はい　　　いいえ

4. 大山さんは学校の後ろにあるこうえんによく行きます。　はい　　　いいえ
おおやま　　　うし

5. 中村さんは寒いところが好きです。　　　　　　　　　はい　　　いいえ
むら

6. 山本さんは昨日じゅぎょうに来ました。　　　　　　　はい　　　いいえ
きのう

🔊 B. Listen to the following exchanges. After each one, write what kinds of things or people are being discussed, using nouns and modifying clauses.

■ You hear: A: どんな人が好きですか。

B: 英語が上手な人が好きです。
えい

You write: えい語が上手な人

ことばのリスト

シラバス　syllabus

1. _____

2. _____

3. _____

4. _____

5. _____

6. _____

art 4: Dict-a-Conversation

u (Smith) are talking to your friend Mr. Yamada about your last vacation.

スミス：_____

　山田：_____

スミス：_____

　山田：_____

スミス：_____

　山田：_____

スミス：_____

　山田：_____

スミス：_____

Crossword Puzzles

ふくしゅうパズル

だい 1 か

よこ　(Across: A 〜 I)

A. I'm sorry. / Excuse me.
B. It's 9:00 a.m. Greet your teacher.
C. teacher
D. See you later. (literally: Well then, again.)
E. Good-bye. (for an extended period of time)
F. Q:「だいがく」って（　　　　　　　　）。
　 A:「university」です。
G. Q:「telephone」は（　　　　　　　　）。
　 A:「でんわ」といいます。
H. Please say (it) again.
I. Please listen.

たて　(Down: 1 〜 9)

1. Please look (at it).
2. It's Sunday afternoon, and you saw your teacher at the supermarket. Greet her/him.
3. It's 8:00 p.m., and you saw your teacher at the mall. Greet her/him.
4. Thank you. (polite)
5. Please say (it) slowly.
6. What do you say when you leave your teacher office?
7. You're welcome.
8. Please read.
9. Please write.

なかま1

だい1かのふくしゅうパズル

よこ (Across): A 〜 I

たて (Down): 1 〜 9

6

3 **4** **5**

1

A

B

C

Skip
↓

D 、

7

E

8

2 **9**

F

G

H

I

Using the ひらがな in the highlighted boxes, complete the following sentences.

⬜⬜ め ⬜⬜⬜。 _____ です。

どうぞ _____ 。

だい２か

よこ　(Across: A 〜 S)

A. one o'clock
B. now
C. アジア（　　　）: Asian studies
D. graduate student
E. four o'clock
F. Are you a freshman / first-year student?
G. high school student
H. six o'clock
I. name
J. Chinese person
K. Japanese literature
L. What year are you in?
M. Where are you from?
N. English language
O. nine o'clock
P. eight o'clock
Q. (I) am a junior / third-year student.
R. afternoon ⇔ （　　　）
　　(⇔ indicates a word with the opposite meaning)
S. (No,) that's not so.

たて　(Down: 1 〜 21)

1. middle school → （　　　）→ university
2. (Yes,) that's so.
3. twelve o'clock
4. What time is it?
5. はい　⇔　（　　　）
6. Korean person
7. teacher
8. management / business administration
9. last year → this year → （　　　）
10. senior / fourth-year student
11. (I) am a sophomore / second-year student.
12. the most populous country in the world
13. What is your major?
14. the language you're studying right now
15. a.m. ⇔ （　　　）
16. foreign student
17. Are you a college student?
18. half past five o'clock
19. engineering
20. seven o'clock
21. history of Taiwan

かま1

い2かのふくしゅうパズル

よこ (Across): A 〜 S

たて (Down): 1 〜 21

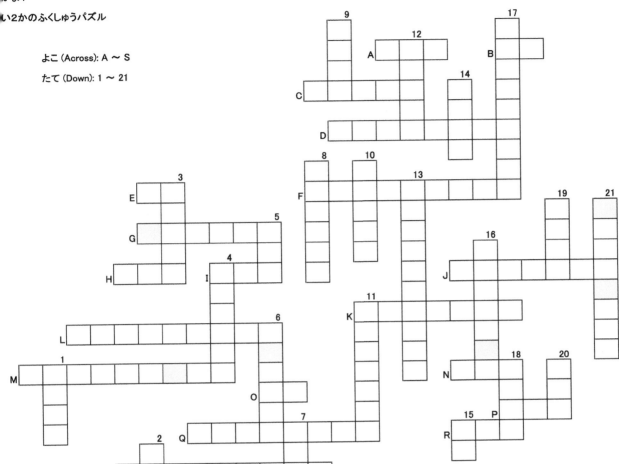

Using the ひらがな in the highlighted boxes, make a meaningful sentence.

わ ⬚⬚⬚⬚⬚⬚ は _____ です。

だい３か

よこ　(Across: A 〜 S)

A. せんしゅう　→　（　　　　　）　→
らいしゅう(next week)
B. life, living
C. Thursday
D. when (question word)
E. (I) often watch movies.
F. 15 minutes
G. まいあさ　シャワーを（　　　　　）。
H. not at all
I. What time do (you) have Japanese class?
J. the evening meal
K. every week
L. いきます　⇔　（　　　　　）
M. おととい　→　きのう　→（　　　　　）
N. たいてい　6じごろ　うちに（　　　　　）。
O. tomorrow
P. next
Q. (I) don't read books.
R. Wednesday
S. school

たて　(Down: 1 〜 20)

1. every morning
2. (I) didn't eat lunch.
3. Usually, what time do you get up?
4. Every day, (I) eat breakfast.
5. always
6. Sunday
7. Sometimes, (I) study at the library.
8. to take a bath
9. telephone number
10. Friday
11. Tuesday
12. On Monday, there was a movie.
13. the place you go when you are sick
14. よく　コーヒーを（　　　　　）。
15. the work students do almost every day
16. おきます　⇔　（　　　　　）
17. weekend
18. Saturday
19. Every evening
20. としょかんで　ほんを　（　　　　　）。

なかま1

だい3かのふくしゅうパズル

よこ (Across): A ～ S

たて (Down): 1 ～ 20

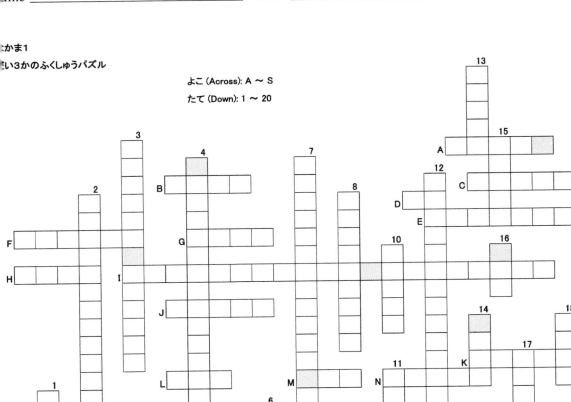

Using the ひらがな in the highlighted boxes, complete the question
sentence and write your answer.

Q: ☐☐☐|☐☐☐ ごろ ☐☐☐☐ か。

A: _____ 。

だい 4 か

よこ　(Across: A 〜 P)

A. supermarket
B. famous university
C. しろい　⇔　（　　　　　）
D. pencil
E. Japanese dictionary
F. small coffee shop
G. Q：（　　　　　　　　　　　　）。
　　　(You're looking for a bank.)
　　　A：あそこ ですよ。
H. the color of the ocean
I. Whose textbook is that over there?
J. park
K. new restaurant
L. the color of the soil
M. test
N. Q：じしょは どこに ありますか。
　　　A：（　　　　　　　　　　　）。
　　　　It's there.
O. The dormitory is not very clean.
P. 先生　⇔　（　　　　　）

たて　(Down: 1 〜 22)

1. very splendid house
2. the place you buy books
3. Q：（　　　　　　　　　　　　　　　）。
　　　(You're looking for Ms. Kim.)
　　　A：あそこに いますよ。
4. What do you call (= say) this in Japanese?
5. old building
6. The school is not big.
7. the place you take trains
8. Q：（　　　　　　　　　　　　　　　）。
　　　(You're looking for a post office.)
　　　A：あそこに ありますよ。
9. good teacher
10. Is there a cafe (←カタカナで) in this area?
11. (It) is not good.
12. the color of bananas
13. There is a convenience store over there.
14. tall building (←カタカナで)
15. What is that?
16. here, this place
17. big department store
18. Which one is Mr. Smith's bag?
19. notebook
20. apartment
21. red ballpoint pen
22. white eraser

かま1

い4かのふくしゅうパズル

☐ ：かんじ

こ (Across): A ～ P

て (Down): 1 ～ 22

Using the ひらがな in the highlighted boxes, complete the question sentence
and write your answer.

Q:　ホームタウンは ☐☐☐☐☐☐☐☐ 。
(hometown)

A:　_____ 。

だい５か

よこ　(Across: A 〜 T)

A. on the chest
B. the thing that tells you the time
C. It takes 1 hour by bus.
D. quiet room
E. behind the bookshelf
F. It takes about 5 minutes on foot.
G. that person
H. the thing you take with a camera
I. Which house is Mr. Yamada's house?
J. inside the Japanese-style closet
K. desk
L. next to (different category) the blackboard
M. Q：バスで きましたか。
　　A：いいえ、（　　　　　　　　　）。
　　by car
N. small cat
O. Who is that person over there?
P. cafeteria
Q. Q：（　　　　　　　　　）。
　　(You're looking for a restroom.)
　　A：あそこに ありますよ。
R. Ms. Ueda is a student, too.
S. my computer
T. Which person is the teacher?

たて　(Down: 1 〜 23)

1. slow　⇔　（　　　　　　）
2. small table
3. うちの中　⇔　うちの（　　　　　　）
4. Japanese person
5. Mr. Yamanaka's dog
6. next to (same category) the gym
7. under the chair
8. Japanese-style bedding
9. Above/on the tree
10. spacious classroom
11. on the bed
12. Ms. Tanaka's video
13. right side of the picture
14. dark　⇔　（　　　　　　）
15. bright　⇔　（　　　　　　）
16. Q：あるいて いきますか。
　　A：いいえ、（　　　　　　　　　）。
　　by bicycle
17. this telephone
18. in front of the student union
19. left side of the window
20. near the river
21. How long does it take from here to the university?
22. Q：（　　　　　　　　　）。
　　(You're looking for a laboratory.)
　　A：あの きょうしつ の となりですよ。
23. As you go inside someone's house, you say...

なかま1

だい5かのふくしゅうパズル

よこ (Across): A 〜 T

たて (Down): 1 〜 23

☐ : かんじ

Using the ひらがな in the highlighted boxes, make a meaningful sentence.

☐☐☐☐☐は _____ 。

だい６か

よこ　(Across: A ~ Z, a, b)

A. to fix a meal
B. sad　⇔　（　　　　　　）
C. Tuesday of last week
D. 日曜日の つぎの日
E. I'd love to, by all means
F. (I) go to the library to read the newspaper every day.
G. 金曜日の まえの日
H. to wait
I. （　　　　　　）をします: to take a walk
J. (It) is not easy.
K. job
L. lively town
M. lonely
N. きのうの テストは （　very difficult　）。
O. Did you do a part-time job?
P. Q：ピクニックは どうでしたか。
　　A：（　　　　not very fun　　　　）。
Q. きのうは とても （　　busy　　）。
R. a person who is interesting and cheerful
S. (It) was regrettable.
T. （　　　　　　）します: to relax
U. Are you all right?
V. (It) was good.
W. Q：あした、えいがを みにいきませんか。
　　A：すみません、あしたは
　　（a little inconvenient ）。
X. (I) often play (= do) games.
Y. (I) swim in a pool on Saturday.
Z. (I) did (physical) exercise on the weekend.
a. magazine
b. (I) don't jog at all.

たて　(Down: 1 ~ 22)

1. (I) invited (my) friends to the party.
2. Please speak in Japanese.
3. （　　　　　　）に いきます: to go shopping
4. いそがしい　⇔　（　　　　　　）
5. この 本は とても （　was boring　）。
6. (I) wrote an e-mail to (my) Japanese friend.
7. うれしい　⇔　（　　　　　　）
8. 先週　→　（　　　　）　→　来週 (next week)
9. (It) is not good.
10. (I) did the cleaning, and did laundry, too.
11. Why don't we play tennis on Friday?
12. (I) listen to the music.
13. （　　　　　　）を します: to ask a question
14. (I) didn't make a phone call to my parents.
15. (It) was not tough.
16. Do you often go out on a day off?
17. もういちど（　Can you say (it)　）？
　　　　　　（↑to a socially equal person
18. Could you wait until Wednesday? (↑to your teacher)
19. (I) went to meet (my) teacher.
20. Q：今ばん、いっしょに　パーティに いきませんか。
　　A：すみません、今ばんは　ちょっと
　　（have some errands/business to attend to ）。
21. I played with (my) dog in the park.
22. Why don't we go to a concert?

いま1

16かのふくしゅうパズル

こ (Across): A 〜 Z, & a, b
こ (Down): 1 〜 22

☐ : かんじ

Skip → 、

Using the ひらがな in the highlighted boxes,
complete the question sentence and write your answer.

Q: ☐☐☐☐ に ☐☐ 何 ☐☐☐ か 。

A: _____ 。

だいななか

Use plain forms for verbs unless the ます-form is specified for all puzzles in this book.

よこ　(Across: A ～ R)

A. black tea
B. orange
C. What kind of music does Mr. Yamada like to listen to?
D. 「きます」の plain negative form
E. meat
F. delicious
G. レストランで（　　　　　）to dine
H. classical music
I. baseball
J. to hike
K. apple
L. hobby
M. to make
N. 「します」の plain negative form
O. しゃしんを（　　　　）to take
P. Among fruits, what do you like the best?
Q. food
R. expensive fish

たて　(Down: 1 ～ 18)

1. to go for (= do) a drive
2. fishing
3. Ms. Ueda often travels.
4. carrot
5. favorite drink
6. How about wine? (or How is the wine?)
7. how many hours
8. a new friend
9. inexpensive
10. rock and roll
11. (I) don't drink beer.
12. 「好きです」の plain negative form
13. Q: とうきょうとニューヨークとどちらの が大きいですか。
    A:（　　　　　　　　　　）。
    (Tokyo is bigger than New York.)
    ヒント：～の方が～より
14. tea, green tea
15. egg
16. In Japan, which city is the oldest? (Use 「どのまちが」)
17. What are the vegetables you dislike?
18. I love to sing songs.

かま1

い7かのふくしゅうパズル

よこ (Across): A 〜 R
たて (Down): 1 〜 18

□ :かんじ

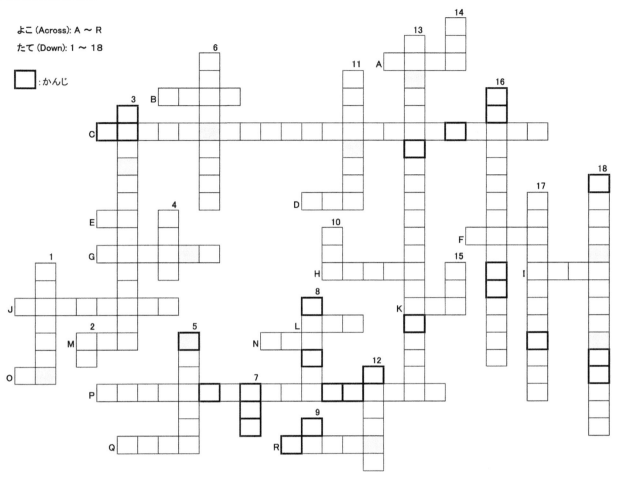

Using the ひらがな in the highlighted boxes, complete the question sentence and write your answer.

Q: □□□ スポーツ □□□□□ ですか。

A: _____ 。

だい八か
<ruby>八<rt>はち</rt></ruby>

よこ　(Across: A 〜 R)

A. 私は（　　　　　　　　　　　）。
(I) want a hat.

B. 田中さんは（　　　　　　　　　　　）。
Mr. Tanaka wants to buy a wristwatch.

C. birthday

D. 私は（　　　　　　　　　　　　）。
(I) want to go to Japan.

E. Do you have one that's a little bit cheaper?
(literally: Isn't there 〜 ?)

F. (I) drank four bottles of beer.

G. 346 yen　（ひらがなでかいて下さい。）

H. りんごを（　　　　　）かいました。
eight （ひらがなで）

I. （　　　　　　　　　　　）ですか。
How much are these (→この) shoes?

J. 100えん　（かんじでかいて下さい。）

K. ひとつ　→　（　　　　　）　→　みっつ

L. that shop (over there)

M. あのかばんを（　　　　　　）下さい。
take / pick up

N. Which floor is the stationery department on?
(Use「〜は〜にあります」structure.)

O. umbrella

P. りんごが（　　　　　）あります。
five （ひらがなで）

Q. Please give me seven of these cakes.（この）

R. りんごを（　　　　　）かいました。
six （ひらがなで）

たて　(Down: 1 〜 18)

1. "ten discrete objects" は「とう」じゃ
ありません。（　　　　　）です。

2. Please put (it) in the box.

3. expensive clothing

4. Do you have one that's a lot bigger?
(literally: Isn't there 〜 ?)

5. 山田さんは（　　　　　　　　　　　）。
Ms. Yamada wants a ring.

6. socks

7. (I) bought five Japanese books. / (I) bought five
books in Japanese.

8. オレンジが（　　　　　　）あります。
nine　（ひらがなで）

9. いぬは（　　　　）いますか。
how many

10. そのネックレスを（　　　　　）。
please show

11. オレンジが（　　　　　　）あります。
four　（ひらがなで）

12. （　　　　　）うりば
food

13. A: あまりのまないんですね。
B: はい、（　　　　　　　　　　　）。
I don't like (it) very much. (Use「〜んです」.)

14. オレンジは（　　　　　）　ありますか。
how many

15. basement

16. 9,768 えん
（ひらがなとかんじでかいて下さい。）

17. うちにCDが（　　　　）ぐらいありますか。
how many

18. a lot, many, much

かま1

○八かのふくしゅうパズル

よこ (Across): A 〜 R
たて (Down): 1 〜 18

□ : かんじ

Using the ひらがな in the highlighted boxes, make a meaningful sentence.

Q: □□ で □ が □□□□ か。

A: _____ 。

だい九か

よこ　(Across: A 〜 T)

A. dessert that looks sweet
B. Why don't we buy something?
C. fillet of fresh raw fish
D. spicy hot
E. あつい (in temperature)　⇔　(　　　　　　　)
F. Why don't we go to see a movie together?
G. Japanese wheat noodles (thick white noodles)
H. sour
I. to talk, speak
J. Let's make something.
K. bitter
L. to meet a friend
M. to get up
N. beef steak
O. chocolate
P. *ramen* (Chinese noodles in soup)
Q. sandwich
R. oil
S. bread that looks soft
T. to read

たて　(Down: 1 〜 19)

1. いいえ、(　　　　　　　　　　)。
    (No, thank you.)
2. (I) don't need anything.
3. Japanese cuisine
    (=another way to say 日本りょうり)
4. salad
5. What would you like to drink? (Use ますform)
    (literally: As for drinks, what will you decide on)
6. lunch (カタカナで書いてく下さい。)
7. to take a rest
8. Let's go to eat Chinese food.
9. (comfortably) warm
10. Is there an Italian restaurant somewhere?
    (Use「〜に〜があります」structure.)
11. Japanese buckwheat noodles
12. コーヒーを (　　　　　　　　)。
    (I will have coffee/Coffee, please.)
13. cookie
14. What shall we order?
15. hamburger
16. I will have *tempura*. (Useますform)
    (literally: I decide on *tempura*.)
17. to go home
18. やわらかい　⇔　(　　　　　)
19. おおい　⇔　(　　　　　)